Panorama do mercado de trabalho no Brasil

Régis Bonelli e Fernando Veloso (organizadores)

Instituto Brasileiro de Economia

Panorama do mercado de trabalho no Brasil

Regis Bonelli e Fernando Veloso (organizadores)

Copyright © 2014 FGV/IBRE

Direitos desta edição reservados à
Editora FGV
Rua Jornalista Orlando Dantas, 37
22231-010 | Rio de Janeiro, RJ | Brasil
Tels.: 0800-021-7777 | 21-3799-4427
Fax: 21-3799-4430
editora@fgv.br | pedidoseditora@fgv.br
www.fgv.br/editora

Impresso no Brasil | Printed in Brazil

Todos os direitos reservados. A reprodução não autorizada desta publicação, no todo ou em parte, constitui violação do copyright (Lei nº 9.610/98).

Os conceitos emitidos neste livro são de inteira responsabilidade do(s) autor(es).

Este livro foi editado segundo as normas do Acordo Ortográfico da Língua Portuguesa, aprovado pelo Decreto Legislativo nº 54, de 18 de abril de 1995, e promulgado pelo Decreto nº 6.583, de 29 de setembro de 2008.

1ª edição – 2014

COORDENAÇÃO EDITORIAL E COPIDESQUE
Ronald Polito

REVISÃO
Marco Antonio Corrêa e Sandro Gomes dos Santos

CAPA
Marcelo Utrine

IMAGEM DA CAPA
ShutterStock.com

PROJETO GRÁFICO DE MIOLO E DIAGRAMAÇÃO
Ilustrarte Design e Produção Editorial

Ficha catalográfica elaborada pela Biblioteca Mario Henrique Simonsen/FGV

Panorama do mercado de trabalho no Brasil / Regis Bonelli, Fernando Veloso (org.). – Rio de Janeiro : Editora FGV, 2014.
200 p.

Inclui bibliografia.
ISBN: 978-85-225-1540-0

1. Mercado de trabalho – Brasil. I. Bonelli, Regis. II. Veloso, Fernando A. (Fernando Augusto). III. Fundação Getulio Vargas.

CDD – 331.120981

SUMÁRIO

Prefácio   7
José Pastore

Apresentação   11
Nelson Barbosa

Introdução   13

PARTE 1: QUADRO ATUAL E PERSPECTIVAS

Capítulo 1   Evolução recente do mercado de trabalho
e perspectivas   25
José Márcio Camargo

Capítulo 2   Mercado de trabalho no Brasil: passado,
presente e futuro   35
Fernando de Holanda Barbosa Filho

Capítulo 3   Evolução recente do mercado de trabalho
metropolitano e perspectivas   55
João Saboia

Capítulo 4   Panorama do mercado de trabalho brasileiro:
uma análise de temas recentes   75
Gabriel Ulyssea

Capítulo 5 A condição "nem-nem" entre os jovens
é permanente? 97
*Naércio Menezes Filho, Pedro Henrique Cabanas
e Bruno Komatsu*

PARTE 2: ASPECTOS ESTRUTURAIS E INSTITUCIONAIS

Capítulo 6 A queda da informalidade no Brasil entre
2002 e 2012 125
*Rodrigo Leandro de Moura e Fernando de
Holanda Barbosa Filho*

Capítulo 7 Expansão do emprego formal e tamanho
das empresas: 1995-2011 149
*Carlos Henrique L. Corseuil, Rodrigo Leandro
de Moura e Lauro Ramos*

Capítulo 8 Transições no mercado de trabalho 169
*André Portela Souza, Vladimir Ponczek e
Eduardo Zylberstajn*

Capítulo 9 Rotatividade do trabalho e incentivos
da legislação trabalhista 181
Gustavo Gonzaga e Rafael Cayres Pinto

PREFÁCIO

É simplesmente maravilhoso ver a facilidade e a competência com que os economistas brasileiros analisam os dados estatísticos nos campos do emprego, educação, qualificação e demais dimensões do trabalho humano. Digo isso porque, nos idos dos anos 1970, procurei o então presidente do IBGE, Isaac Kerstenetzky, a fim de expor o meu interesse em usar os dados da Pesquisa Nacional por Amostra de Domicílios para estudar o fenômeno da mobilidade social no Brasil. Tão surpreso quanto entusiasmado, o saudoso professor da Fundação Getulio Vargas do Rio de Janeiro abriu as portas da instituição, expressando seu contentamento por ver um pesquisador interessado em usar os dados da Pnad. A surpresa e o entusiasmo vinham do fato de o Brasil daquela época possuir muitos dados e pouca análise.

Hoje, pode-se dizer com certeza que o Brasil possui ricas fontes de dados e também robustas análises sobre os fenômenos que regem o mundo do trabalho. Os economistas atuais se movimentam com enorme facilidade nos dados coletados pelo IBGE e usam métodos sofisticados para submeter suas hipóteses a testes do mais elevado rigor. Nesse sentido, os estudantes do presente são privilegiados em relação aos do passado, pois contam com estudos bem-feitos que por sua vez deixam sugestões e estimulam novas pesquisas. Este é o caso desta coletânea. Com destemor e confiança, os autores formularam as questões mais desafiadoras sobre a dinâmica do mercado de trabalho brasileiro. Como explicar desemprego baixo com crescimento econômico tão medíocre? Como justificar um "apagão" de mão de obra se a quantidade de trabalhadores educados aumenta mais do que a dos demais? Como se explica uma despesa tão alta com seguro-desemprego em tempos de pleno-emprego?

O leitor interessado nos temas trabalhistas encontrará nesta coletânea uma riquíssima fonte de respostas para os desafios mencionados. O aparente paradoxo entre o baixo desemprego e o baixo desempenho da economia levou os autores a procurar as respostas do lado da oferta, adentrando pelo campo da demografia para destacar a importância da rápida desaceleração do crescimento demográfico e da redução do número de brasileiros em condição e com disposição de trabalhar para a explicação do aparente paradoxo.

Os dados analisados sobre a qualidade da força de trabalho no Brasil deixam claro uma razoável melhoria da educação dos trabalhadores, dando apoio à tese de que a eventual falta de mão de obra qualificada é fenômeno localizado em setores específicos, embora os próprios autores reconheçam que a educação medida pelos anos de escola possa ser insuficiente para captar as exigências das empresas e das novas tecnologias. Nesse campo, o fato de os jovens que nem estudam e nem trabalham (nem-nem) estarem em fase de transição de curta duração alivia a preocupação geral de que o Brasil estaria perdendo uma parcela importante de um capital humano duramente acumulado.

Quanto ao outro paradoxo — entre pleno-emprego e altas despesas com seguro-desemprego —, os autores examinaram com extraordinária competência a questão da rotatividade à luz dos estímulos "perversos" da legislação trabalhista do Brasil. A referida perversão — em especial a do Fundo de Garantia por Tempo de Serviço — está por trás do efeito nefasto do baixo comprometimento entre empregados e empregadores e o reduzido empenho das empresas em investir na capacitação dos seus quadros de pessoal. A riqueza de dados sobre essa questão valeria, em si, todo o esforço de publicação desta obra.

Mas, os demais capítulos são igualmente ricos. Vários deles avaliam com acuidade a grave situação da baixa produtividade do trabalho *vis-à-vis* o forte aumento do custo da mão de obra, o que vem resultando em elevações insustentáveis do custo unitário do trabalho. Os autores corroboram o consenso atual segundo o qual — na impossibilidade de o PIB continuar crescendo com adições sucessivas de contingentes de trabalhadores na força de trabalho — resta ao Brasil elevar substancialmente a produtividade do trabalho.

De grande originalidade é a constatação de que grande parte da geração de emprego nos últimos anos se deve ao crescimento do número de empregados por empresa. Não que isto desminta a pujança das pequenas e microempresas na expansão dos postos de trabalho. Ao contrário, mostra que pequenos aumentos do seu próprio quadro de pessoal têm grande peso na geração de empregos formais. Igualmente ricas são as análises que destacam o papel de mudanças institucionais na formalização do emprego, em especial, os programas do Simples, do MEI e a expansão do crédito para pequenas e microempresas que, para obter financiamento, foram levadas a formalizar seus empregados. E muito fértil também é a abordagem dos movimentos de entrada e saída no desemprego, revelando que a redução desse problema se deu, em um primeiro momento (2003-07,) por um grande número de pessoas que saíram do desemprego e, em um segundo momento (2008-12), por pessoas que deixaram de entrar no desemprego. Trata-se de uma nuança que permite especular sobre as diferentes dinâmicas do mercado de trabalho no decorrer do tempo.

Muitas são as preciosidades deste livro. Deixo para o leitor saboreá-las uma a uma, como tive a oportunidade de fazer. Destaco apenas outro aspecto de grande utilidade deste trabalho: a atualidade dos dados. Tanto para o estudioso do mercado de trabalho como para o formulador de políticas públicas, as sínteses aqui apresentadas são de superior qualidade.

Ao terminar a leitura destes textos digo, com segurança, que o leitor estará plenamente atualizado sobre o que está ocorrendo, por que está ocorrendo e o que vai ocorrer no mercado de trabalho do Brasil. Para enriquecer a minha própria documentação, transformarei várias das tabelas e gráficos apresentados neste livro em *slides* que ilustrarão minhas aulas — em benefício dos alunos.

Deixo aqui os meus respeitosos cumprimentos a todos os autores e, em especial, aos organizadores desta importante obra — Regis Bonelli e Fernando Veloso — pela iniciativa de reunir em um só compêndio textos da maior relevância para o entendimento do tema. Está aqui uma valiosíssima contribuição ao mundo acadêmico, sem prejuízo, é claro, da sua utilidade para os responsáveis pelas políticas de emprego, renda e instituições sociais.

José Pastore
Universidade de São Paulo

APRESENTAÇÃO

O mercado de trabalho brasileiro mudou substancialmente nos últimos 10 anos. Houve forte redução da taxa de desemprego e aumento da taxa de formalização. Houve recuperação do salário médio real e mudanças na composição do emprego, com aumento da participação do setor de serviços e redução relativa do emprego industrial. Essas transformações ocorreram em um contexto de mudança demográfica, marcada pela desaceleração do crescimento da população em idade ativa, e mudança institucional, marcada por uma série de desonerações tributárias e crescimento acelerado do salário mínimo em termos reais.

Quais foram os principais determinantes da evolução do emprego e dos salários no Brasil? Por que o mercado de trabalho mudou tanto sem alterações significativas na legislação trabalhista? Será que as mudanças recentes no emprego e nos salários foram simplesmente efeitos da conjuntura da última década? Ou será que as mudanças recentes vieram para ficar? Os ensaios publicados neste livro apresentam uma série de visões e interpretações sobre a evolução do mercado de trabalho brasileiro desde os anos 1990. Os autores são especialistas em economia do trabalho e profundos conhecedores da economia brasileira. Os textos abordam diversos temas e oferecem aos leitores uma visão atualizada e objetiva do mundo do trabalho no Brasil.

A diversidade e a qualidade das análises contidas neste livro, bem como a importância econômica e social dos temas abordados pelos autores, tornam este volume leitura indispensável para todos os que desejam entender melhor as transformações recentes do Brasil e os desafios à política econômica dos próximos anos.

Nelson Barbosa
(IBRE e EESP)

INTRODUÇÃO

O desempenho do mercado de trabalho no Brasil continua a desafiar a imaginação e o talento dos analistas econômicos. Em boa medida isso se deve ao fato de que esse mercado atravessa uma fase de aquecimento que já dura alguns anos, com redução substancial das taxas de desemprego, em face de uma economia em que o crescimento do nível de atividade não chega a ser notável, para dizer o mínimo. Dessa constatação apareceu a primeira pergunta que motivou o seminário promovido pelo IBRE em outubro de 2013, de onde se extraíram as contribuições que compõem este volume: o que justificaria essa aparente elevação do emprego gerado por unidade de produto?

Uma possível explicação estaria no fato de que desde meados dos anos 2000 o setor produtor de serviços vem puxando o crescimento da economia brasileira. Apesar da heterogeneidade, como esse setor emprega, em média, mais trabalhadores por unidade de produto do que os demais (à exceção da agropecuária), mudanças na estrutura de demanda em seu favor geram mais postos de trabalho do que na ausência dessa mudança estrutural.¹ Mas não é claro até quando isso continuaria a ocorrer caso efetivamente o setor de serviços eleve sua taxa de crescimento da produtividade. Algo que, aliás, já está ocorrendo em diversos dos seus segmentos.

Ao lado disso, diversas características, a maior parte das quais positivas, vêm sendo reforçadas com o tempo. Entre elas destacam-se o aumento da formalização e a elevação do salário real médio, embora no começo de 2014 a taxas inferiores às de um ano atrás. As perguntas que naturalmente se colocam, nesse contexto, incluem: o que está por trás desse aumento de formalização? Será ele tão simplesmente reflexo do aumento da pressão de demanda por trabalhadores?

Por outro lado, a força de trabalho (População Economicamente Ativa — PEA) cresceu apenas moderadamente nos últimos anos. E, em especial, cresceu pouco entre as mulheres e os jovens, o que pode estar significando que estes últimos ficam por mais tempo na escola do que antes. A expansão das matrículas na faixa etária relevante aponta nessa direção. Mas, o que dizer das mulheres?

Mais recentemente, a Pesquisa Mensal de Emprego (PME) do IBGE chegou a registrar redução da PEA nas seis Regiões Metropolitanas cobertas pela investigação. Por que será que a PEA aumenta pouco, ou mesmo diminui? Será que a renda familiar em alta desestimula a procura por trabalho? E por que a taxa de participação (por alguns definida como taxa de atividade) se apresenta em queda?

Some-se a isso o aumento da taxa de desemprego na faixa de 15-17 anos de idade desde meados de 2012 e o expressivo número de jovens que não estuda nem trabalha, os chamados nem-nem, e tem-se um quadro bastante complexo.

E, como bem sabemos, questões complexas não têm respostas simples, nem fáceis. Foi precisamente com a intenção de lançar al-

---

[1] Para uma análise mais detalhada, ver BONELLI, R.; FONTES, J. O desafio brasileiro no longo prazo. In: BONELLI, R.; PINHEIRO, A. C. *Ensaios IBRE de economia Brasileira — 1*. Rio de Janeiro: FGV/IBRE, 2013.

guma luz sobre essas questões que o IBRE — Instituto Brasileiro de Economia da Fundação Getulio Vargas — promoveu no dia 2 de outubro de 2013 um encontro de especialistas para uma discussão, que se revelou extremamente profícua.

Um resumo das apresentações feitas nesse seminário compõe o material incluído neste volume, que reflete fielmente as apresentações, devidamente editadas pelos autores. Destaque-se que optamos por manter o caráter por vezes informal das apresentações — afinal, em alguns casos,[2] o material aqui exposto é formado essencialmente pelas transcrições das exposições orais — na tentativa de capturar o mais fielmente possível o tom das exposições.

Elas gravitaram em torno de aspectos como: quais são os temas-chave na análise do mercado de trabalho brasileiro? Qual é efetivamente o quadro atual desse mercado? O que é cíclico e o que é estrutural? E, embora não explicitamente, transparece a preocupação acerca de para onde vai o mercado de trabalho no Brasil, em termos de volume e composição da força de trabalho, entendida de diversas formas: por gênero, nível educacional etc.

Sem a pretensão de cobrir todas as lacunas, nem de dar resposta a todas essas questões, as contribuições reunidas neste volume têm o objetivo de, pelo menos, melhorar nosso conhecimento e grau de informação acerca de um subconjunto de temas que os organizadores julgam merecer especial atenção.

Optamos por manter neste volume a divisão dos textos em duas partes, assim como foram as apresentações no seminário. Na primeira parte, aqui composta dos capítulos de números 1 a 5, o foco é sobre o quadro atual do mercado de trabalho e suas perspectivas. Na segunda parte, composta pelos capítulos 6 a 9, os temas centrais são relacionados aos aspectos estruturais e institucionais. Inevita-

---

[2] Capítulos 1, 4 e 8. Os demais ou foram apresentados originalmente em forma de artigo, ou passaram por substanciais revisões de estilo por parte dos autores.

velmente, no entanto, é possível encontrar em uma parte referências a temas abordados na outra.

A primeira parte tem início com um texto-exposição de José Márcio Camargo intitulado "Evolução recente do mercado de trabalho e perspectivas". Nele o autor defende que o que estamos assistindo atualmente é um retorno do mercado de trabalho à normalidade do baixo desemprego, depois de um período em que as taxas de desemprego foram anormalmente elevadas. As características institucionais do nosso mercado têm várias implicações importantes que se combinam para, por um lado, gerar baixo desemprego e, por outro, resultar em baixos ganhos de produtividade. Segundo o autor, a CLT é uma legislação que gera grandes incentivos para que o empresário não invista na força de trabalho e para que o trabalhador não invista na empresa.

Pessimista quanto às perspectivas, o autor conclui que, dada a ausência de ganhos substanciais de produtividade, dificilmente o Brasil conseguirá reduzir a inflação sem aumentar o desemprego, com os salários nominais crescendo perto de 8% ao ano, dada a atual taxa de desemprego.

O segundo capítulo, com conteúdo semelhante ao do primeiro, é de autoria de Fernando de Holanda Barbosa Filho e tem como título "Mercado de trabalho no Brasil: passado, presente e futuro". Nele o autor analisa o importante processo de redução da taxa de desemprego e da informalidade e a elevação dos rendimentos reais ocorridas de 2003 a 2013. Adicionalmente, o texto avalia o estado atual do mercado de trabalho, que apresenta indicações de pleno emprego, mas criando uma quantidade menor de novas vagas de trabalho do que até bem recentemente.

O autor argumenta que, apesar da desaceleração na geração de postos de trabalho, a taxa de desemprego deve permanecer baixa no futuro próximo, em parte por causa do menor crescimento da população em idade ativa. O autor avalia que os ajustamentos necessários da economia brasileira, que fatalmente terão repercussões sobre o mercado de trabalho, somente serão realizados em 2015. Nesse sentido, sua conclusão é de que em 2014, mesmo que a economia ainda não tenha recuperado um ritmo de crescimento mais forte, o ciclo eleitoral, aliado à Copa do Mundo, deve garantir um mercado de trabalho ainda apertado.

O capítulo 3, de autoria de João Saboia, é também dedicado a uma análise do mercado de trabalho, com foco nas Regiões Metropolitanas (RM) cobertas pela PME do IBGE. Ele difere dos que o antecederam em um aspecto fundamental: pela apresentação de um novo indicador inspirado na metodologia do Índice de Desenvolvimento Humano (IDH), em seguida usado para analisar o mercado de trabalho de 2010 a 2013. A aplicação da metodologia a diferentes RM mostra situações distintas dependendo do nível de desenvolvimento do mercado de trabalho local. O sistema de indicadores proposto deixa claro que até 2012 os resultados foram nitidamente favoráveis, mas que em 2013 houve desaceleração na melhora observada anteriormente.

Segundo o autor, os principais destaques em 2013 foram o aumento do rendimento, o crescimento da escolaridade dos trabalhadores e a redução da informalidade no mercado de trabalho. No caso do desemprego, as taxas praticamente pararam de cair, após terem atingido níveis muito baixos. Saboia acrescenta que o baixo crescimento da produtividade do trabalho nos últimos anos parece ter sido a principal razão para a forte queda da taxa de desemprego num período de baixo crescimento econômico.

O capítulo 4, de autoria de Gabriel Ulyssea, utiliza dados da Pnad para discutir vários temas relacionados ao funcionamento do mercado de trabalho. O primeiro diz respeito à existência ou não de escassez de mão de obra qualificada no país. Essa questão é vista analisando-se a evolução da oferta de mão de obra mais qualificada (medida por anos de escolaridade ajustados por qualidade) e de seu "preço", dado pelos prêmios salariais por nível de escolaridade.

O segundo tema é o de se estamos no pleno-emprego ou se haveria espaço para expandir a oferta de mão de obra no mercado de trabalho brasileiro — tema de suma importância não somente para a determinação do desempenho futuro de indicadores centrais do mercado de trabalho, tais como a taxa de desemprego, mas também para a determinação da possibilidade de expansão da produção via expansão da população ocupada. A análise aqui é centrada na evolução da taxa de participação de diferentes grupos no mercado de trabalho, objetivando avaliar em que medida a oferta de trabalho poderia ser expandida por meio de uma elevação da taxa de participação de diferentes grupos sociodemográficos.

O terceiro tema tem foco no setor industrial e aborda a discussão da existência de desindustrialização e seu impacto no mercado de trabalho, ao passo que o quarto tópico discute brevemente alguns efeitos do salário mínimo no mercado de trabalho brasileiro, com ênfase nos últimos 10 anos.

O capítulo 5, de autoria de Naercio Menezes Filho, Pedro Henrique Cabanas e Bruno Komatsu, tem como provocativo título "A condição 'nem-nem' entre os jovens é permanente?". Partindo da redução observada no desemprego entre os jovens nos últimos anos, os autores observam que há evidência de que uma parcela significativa e crescente desse grupo não estuda e não participa do mercado de trabalho, uma situação frequentemente chamada de "nem-nem".[3] Segundo os autores, um aumento da proporção de jovens nem-nem pode representar menor produtividade no futuro e, o que pode ser mais grave, uma elevação da situação de vulnerabilidade desses jovens.

Os resultados revelam que o aumento da duração média na situação "nem-nem" explica o aumento ocorrido na sua proporção. Em ge-

---

[3] Tema semelhante foi abordado por Joana Monteiro em "Quem são os jovens nem-nem? Uma análise sobre os jovens que não estudam e não participam do mercado de trabalho" na coletânea editada pelo IBRE em 2013 mencionada em nota anterior.

ral, existem indicações de que a situação "nem-nem" é transitória em grande parte dos casos, embora seja preocupante a existência de um percentual significativo de "nem-nem" entre jovens de 17 a 22 anos sem formação completa no ensino fundamental, com duração média significativamente maior que a de graus de escolaridade maiores.

O capítulo 6, que abre a segunda parte do livro, é de autoria de Rodrigo Leandro de Moura e Fernando de Holanda Barbosa Filho e tem por título e objeto de análise "A queda da informalidade no Brasil entre 2002 e 2012". Três são os temas nele abordados: (i) o que foi mais importante para a queda da informalidade, formalização dos diferentes grupos de trabalhadores/setores ou mudança da composição dos assalariados no mercado de trabalho?; (ii) quais os principais canais pelos quais ocorreu a formalização?; (iii) quais as perspectivas para a evolução da taxa de informalidade?

Os resultados mostram que houve uma redução generalizada da informalidade, com destaque para a contribuição de homens e mulheres; brancos e pardos; com ensino médio completo; de 15 a 30 anos de idade; com até 14 anos de experiência; e dos setores agropecuário, indústria de transformação, construção, comércio e outros serviços. Um resultado importante é que o processo de aceleração educacional foi um determinante crucial para a queda da informalidade. Segundo os autores, o envelhecimento da força de trabalho aliado à continuidade da escolarização ditará a queda da taxa de informalidade no futuro, pois trabalhadores jovens com maior nível de escolaridade (que têm maior chance de obter um emprego com carteira de trabalho assinada) estão aumentando sua participação no mercado de trabalho.

O capítulo 7 aborda outro aspecto estrutural da maior importância para o mercado de trabalho: o tamanho das empresas. De autoria de Carlos Henrique L. Corseuil, Rodrigo Leandro de Moura e Lauro Ramos, o trabalho analisa o período de 1995 a 2011. O texto conclui que o crescimento do emprego formal está relacionado diretamente com o crescimento do tamanho médio das empresas.

As evidências apresentadas dão apoio à hipótese de que tem havido um aumento generalizado no tamanho das empresas, inclusive as recém-criadas, movimento que estaria associado às características do modelo econômico seguido pelo Brasil, caracterizado por crescimento do consumo e do comércio exterior, além de mudanças de cunho institucional.

Um fato interessante salientado pelos autores é que o aumento da taxa de formalização dos vínculos trabalhistas e reduções na taxa de desemprego ocorreram sem que tenham havido mudanças substantivas no arcabouço institucional do mercado de trabalho: entre 2000 e 2011 não foram introduzidas alterações importantes na legislação trabalhista, ou outra forma de regulação, que produzissem modificações de porte nas instituições que regem esse mercado.

Mas, no mercado de produto, aconteceram mudanças que podem estar contribuindo para os movimentos no mercado de trabalho, como o Simples e a expansão do Super Simples, na frente tributária. E, mais recentemente, houve a desoneração da folha de pagamento em setores selecionados, bem como políticas de substituição tributária praticadas em alguns estados. Em paralelo, foi também observada uma forte expansão do crédito às firmas, principalmente às pequenas, através de programas do BNDES e do próprio Ministério do Trabalho e Emprego.

O capítulo 8, de autoria de André Portela Souza, Vladimir Ponczek e Eduardo Zylberstajn, propõe uma metodologia inovadora para tratar das "Transições no mercado de trabalho", tema que lhe dá título. Ele analisa os determinantes imediatos da queda do desemprego, do aumento da formalização e da queda da informalidade observados nos últimos anos com recurso aos dados mensais da PME no período compreendido entre 2003 e 2013.

Os resultados indicam que a queda do desemprego no Brasil deveu-se ao aumento da taxa de saída do desemprego entre 2003 e 2007 e à redução da taxa de entrada no desemprego no período de 2008 a 2012. Isso sugere que inicialmente as empresas contrataram mais trabalhadores e parte deles veio do contingente dos que estavam desempregados. Em seguida, a queda do desemprego passou a ser mais fortemente explicada pelo fato de que os trabalhadores permaneceram empregados e deixaram de entrar no desemprego. Já o aumento da taxa de emprego formal deveu-se ao aumento na taxa de entrada entre 2003 e 2007 e à queda da taxa de saída entre 2008 e 2012. É provável que tenha havido alguma mudança estrutural que explique os novos *matchings* entre empresas e trabalhadores no Brasil, o que ainda é preciso analisar. O emprego e a formalização aumentaram em todas as regiões, para todos os setores e para todas as características demográficas dos trabalhadores. Possivelmente, mudanças nos custos de contratação, manutenção e demissão de trabalhadores formais que ocorreram no período são parte da explicação para esses novos fatos estilizados.

O instigante tema da rotatividade do trabalho e sua vinculação aos incentivos da legislação trabalhista é o objeto do nono e último capítulo deste volume. De autoria de Gustavo Gonzaga e Rafael Cayres Pinto, o texto apresenta dados atualizados de rotatividade do trabalho e analisa suas consequências sobre a produtividade e o bem-estar, pois uma questão da maior relevância colocada pelos autores é a importância da rotatividade para o bem-estar social. Por um lado, a substituição de trabalhadores faz parte de um processo saudável de realocação dos recursos de qualquer economia. Além disso, é desejável alguma flexibilidade alocativa em uma economia sujeita a frequentes mudanças estruturais bruscas, de modo a permitir o remanejamento de pessoal dos setores negativamente atingidos por esses choques para os setores positivamente atingidos.

No entanto, na década de 1990, parte da literatura econômica especializada chegou ao diagnóstico de que a rotatividade no mercado de trabalho brasileiro parecia excessiva, resultando em baixo investimento em capital humano, empregos de pior qualidade e um baixo grau de compromisso entre trabalhadores e firmas. A alta rotatividade do trabalho, ao prejudicar o investimento em treinamento, impediria um aumento da produtividade, criando um círculo vicioso em que, diante da baixa perspectiva de ascensão salarial, alguns trabalhadores preferem sair de seus empregos para acessar alguns benefícios disponíveis apenas no caso de demissão. Os autores mostram que o diagnóstico de que essa rotatividade é artificialmente elevada e perversa permanece válido. Em particular, o Brasil destaca-se até mesmo em avaliações internacionais com países comparáveis. Isso evidencia que, a despeito de resultados positivos como a queda do desemprego e o aumento da formalização, ainda existe um longo caminho a ser percorrido no sentido de melhorar o funcionamento do mercado de trabalho brasileiro.

***

Para finalizar esta apresentação, gostaríamos de agradecer, além do apoio essencial a todas as etapas do projeto por parte do diretor do IBRE, Luis Guilherme Schymura, especialmente a: José Pastore pela generosidade do rico prefácio que escreveu especialmente para este volume; a Nelson Barbosa, pela apresentação; e ao nosso colega Fernando Dantas, que mais uma vez pôs a serviço do IBRE seu qualificado talento jornalístico na elaboração das orelhas deste livro. A todos, e mais aos colaboradores que tão prontamente atenderam ao nosso apelo para transformar uma rica discussão oral em um volume que se espera útil para um público mais amplo, nosso efusivo e sincero muito obrigado!

Regis Bonelli
Fernando Veloso
FGV/IBRE
Março de 2014

PARTE 1

QUADRO ATUAL E PERSPECTIVAS

CAPÍTULO 1

EVOLUÇÃO RECENTE DO MERCADO DE TRABALHO E PERSPECTIVAS

José Márcio Camargo[*]

O desempenho do mercado de trabalho brasileiro nos últimos 35 anos pode ser dividido em três períodos distintos no que se refere ao comportamento da taxa de desemprego: a década de 1980, com taxas de desemprego bastante baixas, entre 4,5% e 5% da força de trabalho; a década de 1990, quando essa taxa aumentou rapidamente e chegou a 13% no início dos anos 2000; e os anos 2000, que marcaram uma queda sistemática do desemprego, até chegar onde estamos atualmente, 5,5% da força de trabalho, retornando ao comportamento da década de 1980.

O que estamos vendo hoje é uma volta à normalidade. A anomalia foi o comportamento do desemprego durante a década de 1990. O ponto importante a ser destacado é que o mercado de trabalho brasileiro é bastante flexível — mas flexível no sentido do economista, não no do advogado, do sociólogo, pois sabemos que há uma enorme regulação que o rege.

A questão é que todos os direitos trabalhistas inscritos na Consolidação das Leis do Trabalho (CLT) podem e são avaliados

---
[*] Professor do Departamento de Economia da PUC-Rio e economista chefe da Opus.

monetariamente. Tomemos, como exemplo, o caso da demissão de trabalhadores. As empresas são totalmente livres para demitir e contratar trabalhadores, desde que paguem os custos dessa demissão (multa sobre o FGTS, aviso prévio etc.). Todos os outros direitos têm esta característica (prêmio por hora extra, férias, décimo terceiro salário, aviso prévio etc.). O resultado é que o valor dos chamados direitos trabalhistas é, na verdade, definido na negociação salarial entre a empresa e o trabalhador, pois o que importa para a empresa é o custo total da mão de obra e não o salário. A empresa iguala o custo do trabalho (e não o salário) à produtividade marginal do trabalho. Ou seja, o mercado se ajusta via preço (custo do trabalho e salário) e não via quantidade (desemprego).

Essa característica do mercado de trabalho brasileiro tem várias consequências. Entre elas, duas são de fundamental relevância: primeiro, a taxa de desemprego, em condições normais, tende a ser baixa, pois quando existe excesso de oferta de trabalho (desemprego) o salário cai e o desemprego diminui. Segundo, a única restrição à demissão de trabalhadores é monetária, ou seja, pode ser estimada com algum grau de certeza pelo empregador quando o trabalhador é contratado.

Essas características, combinadas com o fato de que quando o trabalhador é demitido ele recebe um prêmio (retira o FGTS, ganha multa de 40% sobre o FGTS, recebe aviso prévio que hoje é proporcional ao tempo de serviço, décimo terceiro salário proporcional etc.), geram uma enorme rotatividade no mercado de trabalho. Para os trabalhadores pouco qualificados, o melhor é ser demitido e se apropriar do prêmio por demissão. Como a empresa sabe disto, ela não investe em qualificação do trabalhador e o demite antes de completar um ano no mesmo emprego, que é quando é necessário homologar a demissão junto à Delegacia do Trabalho e ao sindicato da categoria. A flexibilidade, se, por um lado, gera baixo desemprego, por outro, gera baixos ganhos de produtividade.

Não é por outra razão que quanto menor a taxa de desemprego maior o gasto com o seguro-desemprego.[1] Se a taxa de desemprego é muito baixa, é fácil conseguir um novo emprego e o custo de ser demitido é pequeno. Por outro lado, o benefício continua o mesmo, aumentando o incentivo para que o trabalhador queira ser demitido.

Em outras palavras, a CLT é um conjunto de legislação que gera grandes incentivos para que o empresário não invista na força de trabalho e para que o trabalhador não invista na empresa. O interessante é que isso parece que era esperado pelos seus formuladores, pois criaram, paralelamente, um sistema de qualificação, o sistema S, financiado por um imposto sobre a folha de salários e gerenciado pelas confederações de empresários, para fornecer qualificação aos trabalhadores. Ou seja, quem investe é a sociedade, coletivamente, e não o trabalhador e a empresa, individualmente.

É por essa razão que a normalidade do mercado de trabalho brasileiro é de desemprego baixo. A década de 1990 foi especial porque houve a abertura da economia, fim da reserva de mercado para o setor de informática, privatizações, uma grande quantidade de reformas estruturais importantes que geraram um enorme ganho de produtividade para a economia brasileira, e que impulsionaram uma grande mudança tecnológica em todos os setores da economia brasileira. Na verdade, podemos dizer que, entre 1990 e 2005, o Brasil fez uma grande revolução como poucos países do mundo fizeram em 15 anos.

Por outro lado, a capacidade de aprendizagem atinge o nível mais elevado aos sete ou oito anos de idade. A partir daí, ela cai

---

[1] Ver Camargo (1996).

rapidamente. Isto não significa que pessoas mais velhas não aprendam. Significa que é muito mais custoso aprender coisas novas quanto mais velha é a pessoa. O resultado é que quando uma pessoa com 25 ou 30 anos de idade perde o emprego devido à introdução de uma nova tecnologia, como ocorreu no Brasil nos anos 1990, dificilmente será capaz de ser competitiva com os jovens que estão entrando no mercado de trabalho e que são treinados na nova tecnologia. O resultado é que fica desempregada por longos períodos de tempo. A década de 1990 foi isso: houve uma revolução que gerou um enorme aumento do desemprego, porque essas pessoas não tinham qualificação para trabalhar com a nova tecnologia. Ocorreu um descasamento entre a estrutura da oferta e a da demanda por trabalho.

A partir de 2001, a taxa de desemprego começa a cair. No gráfico 1 pode-se observar essa evolução ao longo de toda a década de 2000. Em linhas gerais, e comparando mês a mês, durante toda essa primeira década do século XXI a taxa de desemprego cai sistematicamente, exceto em 2009. Em janeiro de 2004, a taxa de desemprego era menor do que em janeiro de 2003. Em janeiro de 2005, era menor do que em janeiro de 2004. E assim por diante. Nesse período, viu-se o desemprego cair de 13% para algo próximo a 6% da força de trabalho. Pela metade. E não estamos falando de um período de crescimento muito rápido; ao contrário, foi de crescimento relativamente lento se comparado com os anos 1970. Foi um período de mais crescimento do que temos agora, mas não de crescimento muito rápido.

O que se observa, entretanto, é que essa tendência de queda de taxa de desemprego dessazonalizada parece estar se esgotando. É difícil garantir, mas é possível verificar, em 2013, alguns sinais de esgotamento. Isso provavelmente está ligado ao fato de que a taxa de crescimento da economia brasileira está muito baixa.

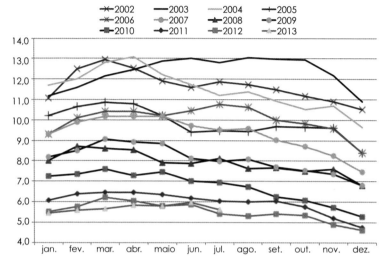

Gráfico 1
TAXAS DE DESEMPREGO
NÃO SAZONALMENTE AJUSTADAS

Fonte: Opus.

Um elemento importante nesse cenário é a queda na geração de emprego verificada principalmente em 2013. Se pegarmos a média dos últimos 10 anos, mês a mês, a taxa de geração deste ano fica abaixo da registrada tanto no Caged quanto na PME. De qualquer forma, a geração de emprego nunca foi muito alta no século XXI. Pelo Caged, pode-se observar que lá no começo dos anos 2000 o Brasil gerava mais ou menos a quantidade de emprego que gera agora, entre 200 mil e 300 mil postos. Esse é um primeiro sinal de alerta. Parece que a economia está crescendo menos do que o suficiente para manter a taxa de desemprego estável ou em queda.

O gráfico a seguir apresenta essa evolução exceto na administração pública, o que faz uma sensível diferença. A administração pública está gerando muito emprego em 2013. Pode-se observar que a geração de emprego no setor privado é bem menor do que no total porque o governo está efetivamente empregando muita gente.

Gráfico 2
GERAÇÃO DE EMPREGOS (SEM ADMINISTRAÇÃO PÚBLICA)
NÃO SAZONALMENTE AJUSTADA

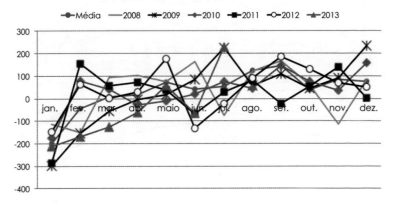

Fonte: Opus.

Outra característica que gostaria de destacar é a relação da elasticidade da taxa de desemprego com o crescimento do PIB. O resultado da regressão, tomando a variação da taxa de desemprego e a variação do PIB, mostra que um crescimento de um ponto de porcentagem do PIB no ano mantém o desemprego praticamente estável. Na verdade, você não precisa crescer muito para reduzir o desemprego.

Gráfico 3
PIB E DESEMPREGO

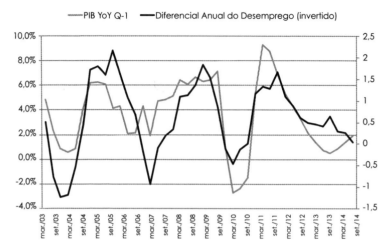

Fonte: Opus.

Cabe ressaltar, entretanto, que a elasticidade do emprego em relação ao PIB da indústria é um terço da elasticidade do emprego em relação ao PIB do setor de serviços. Ou seja, uma economia cujo crescimento está concentrado no setor de serviços tende a gerar uma queda na taxa de desemprego maior e mais rápida do que se o crescimento for concentrado no setor industrial. Isso significa que, se a economia brasileira voltar a crescer, principalmente pela recuperação da indústria e o setor de serviços ficar estagnado, geraremos menos emprego. Particularmente, eu não acredito nessa hipótese.

O primeiro ponto interessante que tiramos desse exercício é que a taxa de crescimento necessária no Brasil para gerar queda na taxa de desemprego gira em torno de 1,5% ao ano. Esse percentual pode variar de acordo com a estrutura do crescimento do país. Por que essa taxa não é mais elevada? Primeiramente, porque a taxa de crescimento da PEA no Brasil hoje é muito pequena, menos de 1,5% ao ano. Assim, se pouca gente está entrando no mercado de trabalho, não é preciso crescer muito para reduzir a taxa de desemprego. Em segundo lugar, e talvez ainda mais importante, está o fato de que a evolução da produtividade do trabalho no Brasil é muito lenta. O gráfico 4 indica um aumento da produtividade do trabalho no início dos anos 2000, que, provavelmente, deve ter relação com ganhos em termos de troca, combinado aos efeitos remanescentes das mudanças realizadas ao longo dos anos 1990. Hoje, entretanto, ela novamente está estagnada. E produtividade parada com salário crescendo muito implica forte aumento do custo unitário do trabalho, tanto em reais quanto em dólares.

Gráfico 4
PRODUTIVIDADE E SALÁRIO

Fonte: Opus.

Outro ponto importante é que muitos pensam que a desvalorização do real jogou esse custo para baixo. Mas o custo unitário do trabalho voltará a subir, pois o mercado de trabalho brasileiro é muito flexível e há uma correlação muito forte entre a taxa de variação do salário nominal e a taxa de desemprego. Isso significa que, com a taxa de desemprego muito baixa, como a produtividade não cresce, os salários nominais vão continuar crescendo a uma taxa próxima a 8% ao ano. E com os salários nominais crescendo nesse nível, o país não ficará competitivo, a menos que se repita o que o ex-ministro Delfim Netto fez lá na década de 1970, indexar a taxa de câmbio, o que seria um desastre do ponto de vista da inflação. Mas esse é outro problema. O que este exercício está dizendo é que a taxa de crescimento do produto potencial no Brasil é muito baixa.

Para concluir, exemplificarei a situação com um último comentário. Já sabemos que, se não há ganho de produtividade, para manter a economia competitiva o salário real não poderia crescer. Então, para colocar a taxa de inflação dentro da meta, de 4,5%, seria necessário que o aumento dos salários nominais caísse para 4,5% ao ano, o que exigiria uma taxa de desemprego próxima a 13% da força de trabalho — e isso não ocorrerá. Na verdade, há outros fatores que afetam a taxa de inflação, o que reforça o caráter meramente ilustrativo desse cálculo. Entretanto, o ponto importante que gostaria de destacar é que dificilmente conseguiremos reduzir a taxa de inflação sem aumentar a taxa de desemprego, já que não temos ganhos de produtividade e os salários nominais estão crescendo perto de 8% ao ano, dada a atual taxa de desemprego. E, para que a taxa de desemprego aumente, o PIB tem de ter crescimento negativo. Não é uma conclusão muito otimista. Mas é o que sugere o comportamento do mercado de trabalho brasileiro na última década.

Referência

CAMARGO, J. M. A. G. (Org.). *Flexibilidade do mercado de trabalho brasileiro*. Rio de Janeiro: Fundação Getulio Vargas, 1996.

CAPÍTULO 2

MERCADO DE TRABALHO NO BRASIL: PASSADO, PRESENTE E FUTURO

Fernando de Holanda Barbosa Filho[*]

1. Introdução

Este trabalho tem como objetivo avaliar a evolução do mercado de trabalho nos últimos anos no Brasil. Para tanto, mostra o importante processo de redução da taxa de desemprego e da informalidade e a elevação dos rendimentos reais ocorridas de 2003 a 2013. Adicionalmente, o capítulo avalia o estado atual do mercado de trabalho, que apresenta indicações de pleno emprego. Por último, faz-se uma especulação prospectiva acerca da evolução futura do mercado de trabalho, indicando que ele deve continuar apertado, mas com possibilidade de sutil elevação da taxa de desemprego nos próximos meses.

2. Passado

O mercado de trabalho brasileiro apresentou grande melhora desde o ajustamento da economia ocorrido em 2003 que, como esperado, traduziu-se em elevação do desemprego. Mas a taxa de desemprego dessazonalizada se reduziu de 13,2% em outubro de

---

[*] Pesquisador do FGV/IBRE, Rio de Janeiro.

36 | PANORAMA DO MERCADO DE TRABALHO NO BRASIL

2003 para somente 5,3% em dezembro de 2013, como visualizado na figura 1. A taxa de desemprego média anual, que foi de 12,3% em 2003, fechou 2013 em 5,4%.

Figura 1
TAXA DE DESEMPREGO (EM %)

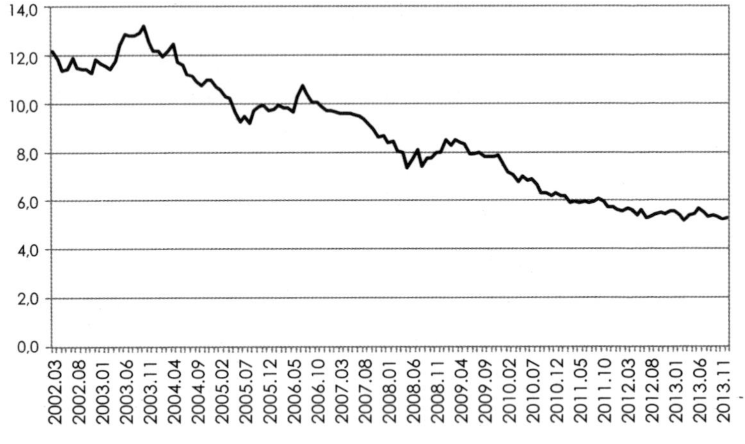

Fonte: PME.

De forma paralela à redução da taxa de desemprego, o mercado de trabalho apresentou fortes ganhos salariais a partir de 2004 (figura 2). No primeiro ano do governo Lula observou-se forte redução do rendimento real em virtude do processo de ajustamento decorrente da depreciação cambial e da consequente elevação da taxa de inflação: o rendimento médio real habitualmente recebido por pessoa ocupada teve perda de 11,8% em 2003 na comparação com 2002. No ano de 2004 ainda houve redução do rendimento real, mas a partir de 2005 os trabalhadores obtiveram ganhos reais (1,5% em 2005). Desde então o salário real tem crescido em ritmo elevado, tendo apresentado crescimento mesmo em 2009, ano em que a crise iniciada em 2008 atinge de forma mais forte a economia nacional. O ano de 2012 apresenta o maior crescimento do rendimento real, com expansão de 4,1%, ao passo que em 2013 houve desaceleração do aumento do rendimento real para somente 1,9%.

Figura 2
RENDIMENTO REAL HABITUAL

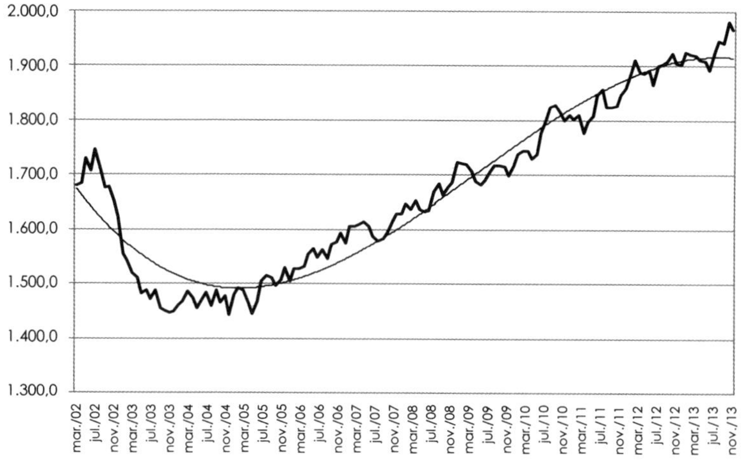

Fonte: PME.

A redução da taxa de informalidade foi outro evento de grande importância que ocorreu no período. Essa taxa, mensurada como a razão entre o número de empregados sem carteira e o total de empregados com e sem carteira, caiu de forma substancial. A figura 3 mostra que a taxa de informalidade caiu de 34,6% em dezembro de 2004 para 22,7% em dezembro de 2012. Nesse ano, por sua vez, a taxa de informalidade apresentou estabilidade. A taxa de informalidade anual média, que tinha atingido 34% em 2004, se reduziu para 22,8% em 2012.

A queda na taxa de informalidade, que parecia ter se interrompido ao longo de 2012, volta a ocorrer em 2013, quando atinge 20,3% em dezembro, configurando novo período de aceleração na redução da informalidade, que fecha 2013 em 21%.

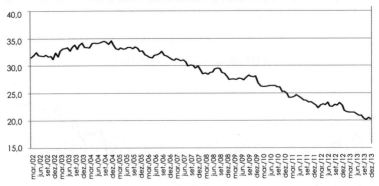

Figura 3
TAXA DE INFORMALIDADE (EM %)

Fonte: PME.

3. Presente

A seção anterior mostrou que a forte redução das taxas de desemprego e de informalidade foi acompanhada de ganhos reais substanciais dos rendimentos. A redução da taxa de desemprego ocorreu devido ao forte crescimento do pessoal ocupado, que chegou a atingir 3,5% na comparação com o ano anterior no final de 2010 e se tornou pouco inferior a 2% ao ano a partir de 2011 (figura 4).

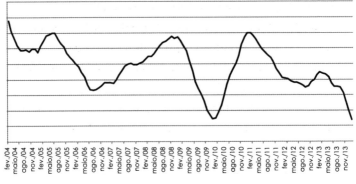

Figura 4
CRESCIMENTO DA POPULAÇÃO OCUPADA (EM %)

Fonte: PME.

A desaceleração da expansão do pessoal ocupado é um fenômeno esperado em virtude de a taxa de desemprego ter atingido níveis historicamente baixos, indicando que o mercado de trabalho estaria mais apertado e que reduções adicionais da taxa de desemprego ocorreriam em ritmo mais lento. No entanto, a forte desaceleração do pessoal ocupado nos últimos meses de 2013 (0,7% em dezembro) indica tendência de elevação suave da taxa de desemprego em 2014.

O aumento do pessoal ocupado, acompanhado pela forte elevação de renda ocorrida em 2011 e 2012, indica que esse mercado se encontra operando em níveis bem próximos do pleno-emprego — ao menos nas regiões metropolitanas cobertas pela PME.

A tabela 1 mostra que o rendimento real está crescendo em ritmo mais acelerado do que a produtividade, mensurada pela produtividade do trabalho (PT) ou pela produtividade total dos fatores (PTF). Isso indica que o mercado de trabalho deve se encontrar em pleno-emprego, situação em que a oferta de trabalho somente se eleva caso os salários cresçam acima da produtividade. Com isso, as elevações de salários pressionam o custo unitário das firmas e geram pressões inflacionárias.

Tabela 1
CRESCIMENTO DO RENDIMENTO REAL
E DA PRODUTIVIDADE (%)

	Rendimento Real	PT	PTF	Taxa de Desemprego Média (%)
2003	-11,9	-1,3	-1,5	12,3
2004	-1,2	3,9	2,9	11,5
2005	1,5	0,7	0,7	9,9
2006	4,0	2,7	2,5	10,0
2007	3,2	3,9	3,0	9,3

continua

	Rendimento Real	PT	PTF	Taxa de Desemprego Média (%)
2008	3,4	3,0	2,6	7,9
2009	3,3	-1,0	0,3	8,1
2010	3,8	5,4	2,8	6,7
2011	2,8	2,5	1,3	6,0
2012	4,1	-0,2	-1,3	5,5
2006-12	3,3	2,2	1,4	-
2010-12	3,3	1,2	0,0	-

Fonte: Elaboração própria com dados da PME, da Pnad e do IBGE.

A tabela 1 mostra o forte crescimento do rendimento real durante longo período de tempo e a elevação mais forte nos últimos dois anos, sem a contrapartida do aumento da produtividade. Entre 2010 e 2012 esse fenômeno fica ainda mais exacerbado, principalmente levando-se em conta a baixa taxa de desemprego do período. A redução da taxa de desemprego em 2012 ocorreu por causa de uma elevação do rendimento real muito acima da produtividade de forma a conseguir atrair trabalhadores para o mercado de trabalho, o que representa mais uma evidência de que se está em pleno-emprego.

A tabela 2 mostra outra evidência de que o mercado de trabalho está em pleno-emprego. Com base na metodologia de Katz e Murphy (1992), calcula-se a variação do salário e do pessoal ocupado. Em seguida, calcula-se o produto dessas variações. Produtos positivos indicam que a demanda está crescendo em ritmo mais forte do que a oferta, enquanto produtos negativos indicam um maior crescimento da oferta. Os resultados mostram que em 2012 a grande maioria dos setores apresentava simultaneamente elevação do pessoal ocupado e dos salários, indicando uma escassez relativa de mão de obra.

MERCADO DE TRABALHO NO BRASIL: PASSADO, PRESENTE E FUTURO | 41

Tabela 2

AVALIAÇÃO DE EXCESSO DE DEMANDA OU DE OFERTA
NA ECONOMIA POR SETORES

	[1]	[2]	[3]	[4]	[5]	[6]	[7]
2003	+	+	+	-	+	+	-
2004	-	+	+	-	-	-	-
2005	+	-	+	+	-	+	+
2006	-	-	-	+	-	+	+
2007	-	+	-	+	+	+	+
2008	+	+	+	+	+	-	+
2009	-	+	-	+	+	+	-
2010	+	+	-	+	+	-	+
2011	-	+	+	-	-	-	+
2012	-	+	+	+	+	-	+

Fonte: Elaboração do autor.

* [1] Indústria extrativa e de transformação e produção e distribuição de eletricidade, gás e água; [2] construção; [3] Comércio, reparação de veículos automotores e de objetos pessoais e domésticos; [4] Intermediação financeira e atividades imobiliárias, aluguéis e serviços prestados à empresa; [5] Administração pública, defesa, seguridade social, educação, saúde e serviços sociais; [6] serviços domésticos; [7] outros serviços.

A análise da elevação do pessoal ocupado nos últimos anos é aspecto importante da avaliação do mercado de trabalho brasileiro. A decomposição da evolução do pessoal ocupado ao longo do tempo pode ser feita com base na identidade seguinte:

$$PO = PIA \times \frac{PEA}{PIA} \times \frac{PO}{PEA}$$

Com base na equação, o pessoal ocupado pode se elevar com a expansão da população em idade ativa (*PIA*), por aumento da taxa de participação[1] $\left(\frac{PEA}{PIA}\right)$ ou por crescimento da taxa de emprego $\left(\frac{PO}{PEA}\right)$.

---

[1] Razão entre a população economicamente ativa (PEA) e a população em idade

A figura 5 mostra que a elevação do pessoal ocupado, com base na PME, passou a ser mais impactada a partir de setembro de 2012 por uma elevação da taxa de participação. A taxa de participação contribuiu com uma elevação próxima a 0,5% até setembro de 2013. A partir de outubro a taxa de participação reduz sua contribuição para a expansão do pessoal ocupado e contribui negativamente nos últimos dois meses de 2013 (-0,5% em dezembro). O crescimento da taxa de emprego, fundamental até 2012, perdeu força com a recente estabilização do mercado de trabalho e contribuiu cada vez menos nos últimos meses. A taxa de crescimento da PIA está reduzindo a sua importância de forma gradativa, contribuindo com cerca de 1% para a expansão do pessoal ocupado.

Figura 5
DECOMPOSIÇÃO DO CRESCIMENTO DA PO
(MÉDIA 12 MESES × MÉDIA DE 12 MESES ANTERIORES (EM %))

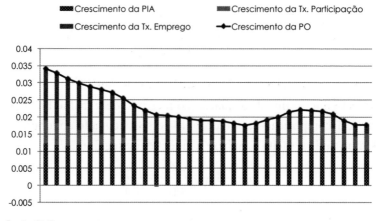

Fonte: PME.

Este cenário mostra que uma aceleração na geração de pessoal ocupado nos próximos anos dependerá de aumento da taxa de par-

ativa (PIA).

ticipação. No entanto, a taxa de participação varia de forma lenta na economia. A tabela 3 mostra a variação da taxa de participação da economia brasileira com base na Pesquisa Mensal de Emprego (PME) e da Pnad. A taxa de participação calculada com base na PME elevou-se em quase dois p.p. entre 2002 e 2013. No entanto, essa taxa não variou entre 2010 e 2012, anos de forte elevação do rendimento real.

Tabela 3
TAXA DE PARTICIPAÇÃO (%)

	PME	PNAD	
	PIA > 10		PIA > 15
2002	55,3	61,5	69,7
2003	57,1	61,5	69,5
2004	57,1	62,2	70,2
2005	56,6	63,1	71,1
2006	56,8	62,6	70,5
2007	56,9	62,0	69,8
2008	57,0	62,0	69,6
2009	56,7	62,1	69,5
2010	57,1	-	-
2011	57,1	60,0	66,9
2012	57,3	59,9	66,5
2013	57,1	-	-

Fonte: Elaboração própria com dados da PME e da Pnad.

Já os dados da Pesquisa Nacional por Amostra de Domicílios (Pnad) mostram uma queda da taxa de participação para o Brasil como um todo. Em particular, a Pnad indica um recuo da taxa de participação entre 2011 e 2012. É importante ressaltar que pequenas elevações da taxa de participação são capazes de liberar grande quantidade de trabalhadores. Os dados, por sua vez, mostram que esses aumentos (quando ocorrem) são em ritmo bastante lento.

4. Futuro

Após longo período de expansão do mercado de trabalho com queda do desemprego, associada à redução da informalidade e ganhos nos rendimentos reais, o baixo crescimento da economia brasileira passou a despertar preocupações acerca da evolução futura do mercado de trabalho.

O ano de 2012 mostrou um mercado de trabalho ainda pujante, apesar do crescimento modesto do PIB doméstico de 0,9% no ano. Por outro lado, o baixo crescimento do PIB em 2013, da ordem de 2,1%, coloca dúvidas acerca de por quanto tempo o mercado de trabalho doméstico conseguirá manter a atual baixa taxa de desemprego. A favor da manutenção da baixa taxa de desemprego encontram-se o crescimento de setores intensivos em mão de obra e o baixo crescimento populacional futuro, que reduzirá a oferta de trabalho.

Mas nesse cenário de lento crescimento do PIB, associado a um menor crescimento da população e da população em idade ativa, em que direção vai o mercado de trabalho? Para responder a essa pergunta esta seção analisa diversos indicadores, observando a elevação das vagas criadas pelo Caged e pela PME, e avaliando as previsões de taxa de desemprego dos indicadores antecedentes de emprego (IAEmp) e coincidente da taxa de desemprego (ICD) do FGV/IBRE.

4.1 Caged e PME indicam tendências distintas

A figura 6 mostra a evolução mês a mês da população ocupada nos últimos anos. Com base nela pode-se perceber a mudança de comportamento entre a geração de empregos do Caged, total e nas regiões metropolitanas da PME, e os empregos com carteira da Pesquisa Mensal de Emprego. Os dados mostram a redução no total de vagas geradas acumuladas em 12 meses em relação ao ano anterior. A expansão das vagas de empregos com carteira na PME caiu em ritmo similar à geração total de empregos da PME até novembro de 2012, quando registravam aumento de 3% das vagas na comparação de 12 meses. A partir de novembro de 2012, a geração de empregos com carteira da PME manteve-se próxima dos 3% enquanto os novos postos de trabalho do Caged continuaram a crescer em taxas decrescentes, registrando aumento inferior a 2% em agosto de 2013. O final do ano de 2013 reservou mudanças negativas para o crescimento das vagas, com desaceleração ainda mais forte no emprego no país, com queda na geração de vagas com carteira da PME (de 3% em setembro para 2,6% em dezembro), do Caged (de 1,9% em setembro para 1,5% em dezembro) e do pessoal ocupado da PME (de 1,6% em setembro para 0,7% em dezembro).

Com isso, a figura 6 mostra que a estabilidade na taxa de desemprego associada ao crescimento do pessoal ocupado da PME em torno de 2% ao ano até setembro de 2013 deve ser afetada nos próximos meses, o que provavelmente resultará em desemprego ainda baixo, mas com tendência de elevação suave.

Figura 6
VARIAÇÃO NOS POSTOS DE TRABALHO ASA

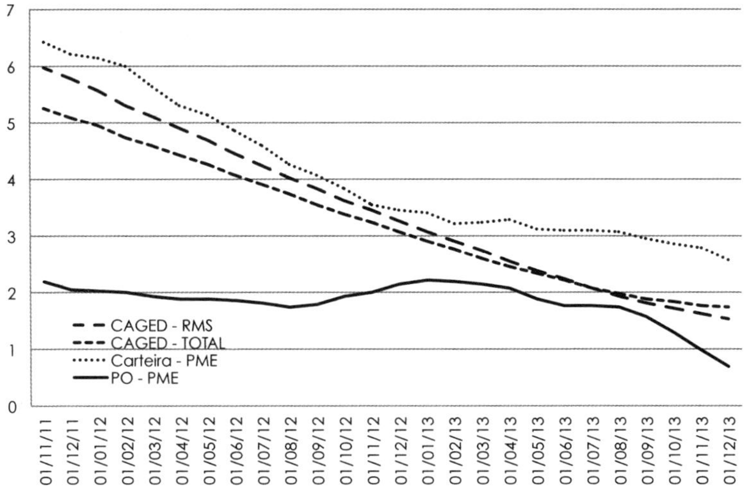

Fonte: PME e Caged.

Ou seja, a figura 6 indica que a redução da geração de vagas do Caged e a menor elevação do pessoal ocupado devem fazer com que a taxa de desemprego continue em níveis baixos, mas com tendência de elevação ao longo de 2014.

Nesse cenário, é importante avaliar se a PME, que pesquisa somente seis regiões metropolitanas do Brasil, é representativa do mercado de trabalho como um todo. A tabela 4 mostra a evolução da taxa de desemprego da PME e da taxa de desemprego do Brasil registrada pelos dados da Pnad entre 2002 e 2012. A tabela 4 mostra a taxa de desemprego para diferentes subamostras da Pnad: regiões metropolitanas (RM), regiões metropolitanas da PME (RM da PME), não regiões metropolitanas (NRM) e não regiões metropolitanas da PME (NRM da PME).

Os dados mostram que a variação da taxa de desemprego entre 2011 e 2012 foi próxima para as diferentes bases de dados, com a maior queda sendo registrada na amostra da Pnad das regiões metropolitanas da PME (-0,8%). No entanto, o nível da taxa de desemprego é bastante diferente nos dados da PME e da Pnad. Com isso, a utilização da PME para avaliar o mercado de trabalho brasileiro é razoável para a variação da taxa de desemprego, mas não para o seu nível.[2]

Tabela 4

TAXAS DE DESEMPREGO E SUA VARIAÇÃO

	PNAD					PME
	Brasil	RM	RM da PME	NRM	NRM da PME	
2002	9,1%	13,0%	13,2%	7,3%	7,7%	11,5%
2003	9,7%	13,8%	14,2%	7,8%	8,1%	13,0%

continua

---

[2] A Pnad contínua do IBGE recentemente divulgada também mostrou esse fato, indicando uma taxa de desemprego 2 pontos percentuais acima da taxa de desemprego da PME.

	Brasil	RM	PNAD RM da PME	NRM	NRM da PME	PME
2004	8,9%	13,1%	13,5%	6,9%	7,3%	10,9%
2005	9,3%	13,0%	13,3%	7,6%	7,9%	9,7%
2006	8,4%	11,8%	12,1%	6,8%	7,1%	10,0%
2007	8,2%	11,0%	11,2%	6,8%	7,1%	9,0%
2008	7,1%	9,4%	9,7%	6,1%	6,3%	7,7%
2009	8,3%	10,5%	10,8%	7,3%	7,5%	7,7%
2011	6,7%	7,8%	8,0%	6,2%	6,3%	6,0%
2012	6,1%	7,3%	7,2%	5,7%	5,9%	5,5%
2011 - 12	-0,6%	-0,6%	-0,8%	-0,5%	-0,4%	-0,5%

Fonte: Elaboração própria com dados da Pnad e da PME.

Essa subseção mostrou que o mercado de trabalho brasileiro se encontra aquecido (provavelmente em pleno-emprego), mas criando uma quantidade menor de novas vagas do que antes. A menor geração de postos de trabalho ocorre, em parte, devido à substancial redução da taxa de desemprego, o que ocasiona em menor expansão da taxa de emprego. A subseção mostra, além da menor contribuição da taxa de emprego na expansão do pessoal ocupado, a redução gradativa do crescimento da PIA. Por último, a seção mostra que a queda da taxa de desemprego foi um movimento generalizado no país, mais forte nas regiões metropolitanas, mas indica que o nível da taxa de desemprego varia conforme a base de dados utilizada.

4.2 Índices de sondagem

As duas pesquisas de sondagem do IBRE mostram estabilidade do mercado de trabalho brasileiro em 2012 em relação a 2011.

O índice antecedente da taxa de desemprego indica estabilidade da ampliação do pessoal ocupado em linha com os dados de pessoal ocupado da PME, com leve desaceleração na ponta (figura 7).

Figura 7
ÍNDICE ANTECEDENTE DE EMPREGO

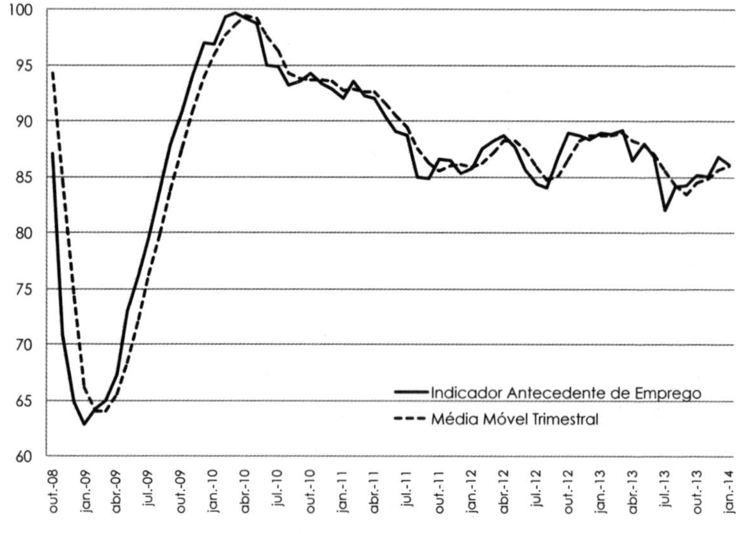

Fonte: FGV/IBRE.

O índice coincidente da taxa de desemprego indica leve deterioração da taxa de desemprego, com elevação em relação ao nível dos últimos meses, mas ainda em níveis inferiores aos de 2010 (figura 8).

Figura 8
ÍNDICE COINCIDENTE DA TAXA DE DESEMPREGO

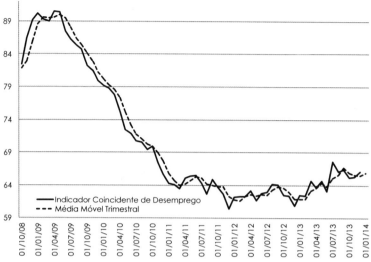

Fonte: FGV/IBRE.

Os índices antecedente e coincidente do mercado de trabalho corroboram a tese de suave desaceleração do mercado de trabalho doméstico, indicando que ele não deve continuar quebrando recordes (de baixa) de taxa de desemprego no futuro próximo. Os dados mostram que o mercado de trabalho, apesar de estar gerando menos vagas do que antes, continua aquecido. Com isso, a taxa de desemprego deve continuar em patamares baixos, mas com tendência de elevação suave nos próximos meses. Mas, como será possível que a taxa de desemprego permaneça baixa com a desaceleração na criação de novas vagas? O menor crescimento populacional certamente é um dos fatores importantes na compreensão desse fenômeno.

4.3 Demografia e baixo desemprego

O motivo pelo qual, apesar da menor geração de vagas (observada tanto no Caged quanto na PME, se comparada a períodos anteriores a 2010), a taxa de desemprego não deve se elevar muito é o componente demográfico. A população e a população em idade ativa crescerão nos próximos anos a taxas mais baixas (figura 9). Logo, o crescimento do pessoal ocupado necessário para manter o desemprego em baixa será menor.

Figura 9
TAXA DE CRESCIMENTO DA POPULAÇÃO E DA PIA

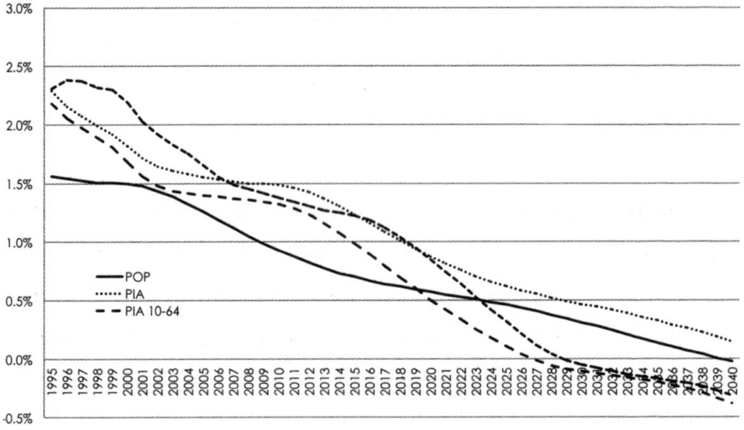

Fonte: IBGE.

A menor necessidade de geração de postos de trabalho favorece uma desaceleração suave da economia brasileira, não garantindo a taxa de desemprego nos níveis atuais, mas indicando a manutenção de uma taxa de desemprego em nível baixo.

4.4 Rendimentos reais

O menor crescimento dos rendimentos reais é outro fator que indica certa desaceleração do mercado de trabalho doméstico, como sugere a figura 10.

Figura 10
CRESCIMENTO DO SALÁRIO — RENDA MÉDIA ANUAL (%)

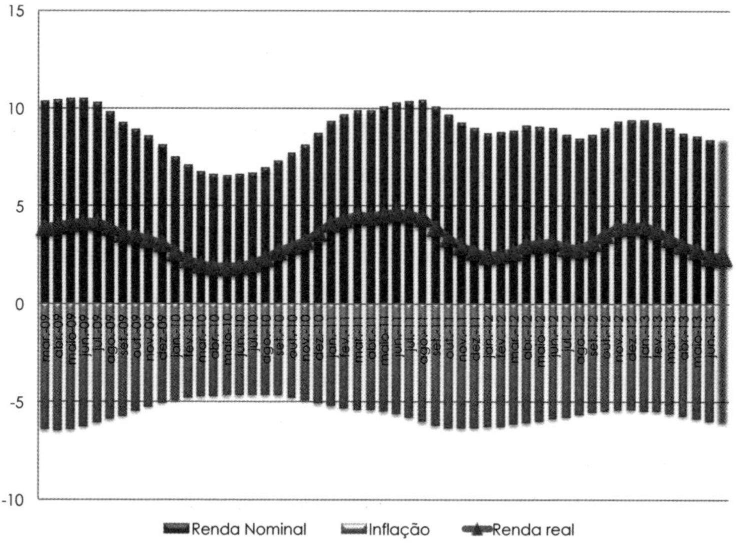

Renda Nominal   Inflação   Renda real

Fonte: Pesquisa mensal de emprego do IBGE.

A figura 10 mostra o aumento do rendimento real acumulado em 12 meses. Os dados indicam que desde dezembro de 2012 o rendimento real tem crescido em ritmo mais lento, com a redução sendo explicada por uma menor elevação do rendimento nominal (ainda elevada) acompanhada por aumento da taxa de inflação. A figura mostra que no passado a economia brasileira se encontrou em situação similar e o rendimento real voltou a se recuperar. No entanto, o momento atual parece ser menos alentador do que no passado, visto que a menor geração de vagas sinaliza um mercado menos aquecido e a elevação do salário mínimo de 2014 foi menor, reforçando o menor aumento dos salários reais.

4.5 Eleições e mudanças de preços relativos

As eleições de 2014 possivelmente terão um efeito positivo sobre o mercado de trabalho. O ciclo eleitoral associado à Copa do Mundo deve ajudar a manter a taxa de desemprego em níveis baixos, ainda que provavelmente acima de 5,5%. A elevação dos gastos do governo, associada à injeção de dinheiro proveniente do turismo, deve ajudar a manter o nível de emprego elevado e, assim, evitar a elevação da taxa de desemprego.

No entanto, a conjuntura (eleitoral) de curto prazo, que permitirá que a taxa de desemprego seja baixa, não deve ser capaz de evitar um ajuste de preços relativos caso ocorra uma depreciação cambial devido à recuperação do nível de atividade das economias desenvolvidas.[3] Da mesma forma que a apreciação cambial elevou o preço dos bens não comercializáveis em relação aos comercializáveis, estimulando o setor de serviços, a depreciação terá o efeito inverso.

Com isso, a elasticidade da demanda por trabalho em relação ao PIB tende a se reduzir no futuro próximo, gerando menor criação de vagas de trabalho. O resultado dessa queda na geração de postos de trabalho seria uma elevação da taxa de desemprego. No entanto, essa elevação possivelmente será postergada devido ao ciclo eleitoral.

---

[3] A recuperação das economias desenvolvidas ocasionará uma redução da liquidez internacional, elevando a taxa de juros e, com isso, depreciando a taxa de câmbio no Brasil.

5. Conclusão

O mercado de trabalho brasileiro apresentou ganhos significativos nos últimos anos, consubstanciados na redução das taxas de desemprego e de informalidade e na elevação da renda real. Esses ganhos fizeram com que a taxa de desemprego fechasse o ano de 2013 com a média anual de 5,4%, a mais baixa da nova série da PME iniciada em 2002. É oportuno recordar que 2013 se iniciou sob o signo de uma frustração de expectativas quanto ao crescimento do nível de atividade agregado, que levantou dúvidas acerca do futuro do mercado de trabalho no Brasil.

Ao mesmo tempo que o PIB deve mais uma vez apresentar crescimento modesto, de cerca de 1,8% em 2014, o mercado de trabalho emitiu sinais preocupantes no final de 2013 quanto à sua evolução de curto e médio prazo. O Caged vem apresentando forte desaceleração da geração de novos postos de trabalho (no acumulado em 12 meses); ao mesmo tempo, a PME mostrou, a partir de outubro de 2013, um mercado de trabalho em desaceleração apesar do nível de atividade laboral ainda elevado.

Com esse pano de fundo, este texto mostrou que, apesar da desaceleração na geração de postos de trabalho, em parte por causa do menor crescimento da população em idade ativa, a taxa de desemprego deve permanecer baixa no futuro próximo. Antevê-se apenas uma leve tendência de aumento dessa taxa que, ainda assim, permanecerá baixa. Em 2014, mesmo que a economia ainda não tenha recuperado um ritmo de crescimento mais forte, o ciclo eleitoral, aliado à Copa do Mundo, deve garantir um mercado de trabalho ainda apertado. Os ajustamentos necessários à economia brasileira, que fatalmente terão repercussões sobre o mercado de trabalho, somente serão realizados em 2015.

O ano de 2015, por sua vez, será possivelmente caracterizado por piora significativa do mercado de trabalho, quando preços relativos tenderão a ser reajustados em prol dos bens comercializáveis, o que fará com que o setor de serviços, intensivo em mão de obra, perca um pouco de sua força.

Referência

KATZ, Lawrence; MURPHY, Kevin. Changes in relative wages, 1963-1987: Supply and demand factors. *Quarterly Journal of Economics*, v. 107, n. 1, p. 35-78, 1992.

CAPÍTULO 3

EVOLUÇÃO RECENTE DO
MERCADO DE TRABALHO
METROPOLITANO E
PERSPECTIVAS*

João Saboia**

1. Introdução

A partir de 2004, o mercado de trabalho do país mostrou uma nítida recuperação que pode ser verificada através das mais diversas fontes de dados: PME, Pnad, Caged e Rais.

Vários autores acompanharam a evolução do mercado de trabalho urbano nos últimos anos. Entre as mudanças identificadas podem ser apontadas a redução das taxas de desemprego, o crescimento do número de pessoas ocupadas, o aumento da escolaridade da mão de obra, a elevação da remuneração do trabalho, a queda da desigualdade de rendimentos e a redução da informalidade.[1]

As razões para a melhora observada no mercado são diversas. Em primeiro lugar, as taxas de crescimento da economia, embora não tendo sido excepcionais, aumentaram a partir de 2004 em

---

* O autor agradece o apoio de Rodrigo Bazzanella e Pilar Picon pelo processamento e organização dos dados da PME utilizados no texto.
** João Saboia é professor titular do Instituto de Economia da Universidade Federal do Rio de Janeiro (IE/UFRJ).
[1] Ver, por exemplo, Chahad (2006), Corseuil e Furtado (2009), Corseuil, Moura e Ramos (2009), Pochmann (2010), Ramos (2006) e Ramos e Ferreira (2005).

comparação com os anos anteriores. Com isso, houve crescimento da demanda, realimentando a economia, incentivando novas contratações e reduzindo o desemprego. Por outro lado, a política de recuperação do salário mínimo contribuiu para a redução das desigualdades na distribuição dos rendimentos do trabalho e para a elevação do salário médio (Saboia, 2007). Outros fatores podem também ter contribuído para a recuperação do mercado de trabalho e maior formalização das relações de trabalho. Entre eles incluem-se: o forte crescimento das exportações, a simplificação tributária para as pequenas empresas, o aumento e desconcentração do gasto social, o aumento e diversificação do crédito e uma maior eficácia das ações de intermediação de mão de obra.[2]

Este texto acompanha a evolução do mercado de trabalho metropolitano do país a partir de 2010, último ano em que a economia apresentou forte crescimento. Procura-se verificar até que ponto a desaceleração da economia no último triênio impactou o mercado de trabalho. Para isso são selecionadas diversas variáveis divulgadas mensalmente pela PME nas seis regiões metropolitanas cobertas (São Paulo, Rio de Janeiro, Belo Horizonte, Porto Alegre, Salvador e Recife). A partir dessa seleção são propostos indicadores sintéticos utilizando metodologia inspirada no cálculo do Índice de Desenvolvimento Humano (IDH) da ONU, que contribuem para aperfeiçoar a análise desenvolvida.

A utilização de indicadores sintéticos para o acompanhamento do mercado de trabalho se justifica na medida em que muitas vezes as variáveis podem estar sinalizando evolução em direções opostas. Enquanto umas podem apresentar melhoria, outras eventualmente poderiam apontar em direção à piora das condições. Portanto, o uso de um indicador síntese dos vários indicadores parciais utili-

---

[2] Segundo Cardoso Jr. (2007), essas seriam algumas mudanças observadas que poderiam justificar em seu conjunto a melhoria do mercado de trabalho ocorrida ao longo dos anos 2000.

zados permite destacar os desníveis regionais existentes no país e, principalmente, a tendência predominante encontrada no período analisado.

A aplicação da metodologia por nós desenvolvida, quando aplicada aos dados da PME no período iniciado em 2010, confirma que o mercado de trabalho continuou melhorando até 2012, apresentando alguma desaceleração em 2013. Apesar da desaceleração, neste último ano ainda não havia sinais de retrocesso nas condições gerais encontradas. A aplicação da metodologia aos dados regionais, entretanto, mostra que os reflexos da desaceleração da economia são diferenciados, sendo mais favoráveis nas regiões metropolitanas do Sul e Sudeste do que nas do Nordeste do país.

Na parte 2, são descritas as variáveis utilizadas, seguindo-se a apresentação da metodologia e os resultados encontrados no período de análise, inicialmente em termos globais e, depois, regionais.[3]

2. Seleção de variáveis

A partir dos dados levantados na PME, foi selecionado um conjunto de variáveis que pudesse dar conta da complexidade do mercado de trabalho brasileiro. Tendo em vista a quantidade de dados produzidos por esta pesquisa, a seleção possui algum grau de arbitrariedade. O critério utilizado foi o de escolher um número relativamente pequeno de variáveis capazes de representar as várias dimensões do mercado de trabalho. A estrutura da matriz de correlação entre as variáveis selecionadas mostrou que as correlações entre elas são relativamente fortes e apresentam os sinais esperados.[4]

---

[3] Mais detalhes sobre a metodologia utilizada podem ser encontrados em Saboia e Kubrusly (2013).
[4] Ver Saboia e Kubrusly (2013).

As variáveis selecionadas podem ser classificadas em três grupos. Em cada um há uma variável considerada a *principal* referência do grupo, e duas *complementares* adicionando novas informações. Elas estão apresentadas a seguir. A primeira listada em cada grupo é a variável considerada principal e as demais são as complementares.

a) Variáveis de desemprego
- Taxa de desemprego;
- Desemprego de longa duração (percentual de desempregados com 12 meses ou mais sem trabalho);
- Desemprego de chefes de família (percentual de chefes de família entre os desempregados).

b) Variáveis de rendimento
- Rendimento médio real;
- Sub-remuneração (percentual de trabalhadores que recebem por hora trabalhada menos do que o salário mínimo horário);
- Desigualdade (relação entre a remuneração dos empregados com carteira e sem carteira assinada no setor privado).

c) Variáveis de inserção
- Formalidade (percentual de ocupados com carteira assinada);
- Subocupação (percentual de pessoas subocupadas por insuficiência de horas trabalhadas);
- Escolaridade (percentual de ocupados com 11 anos ou mais de estudo).

No caso das variáveis de desemprego, a informação básica é a própria taxa de desemprego, que representa uma das variáveis macroeconômicas mais importantes de um país. As variáveis complementares incorporam elementos que podem agravar a situação do desemprego — seu tempo de duração e a presença de chefes de família entre as pessoas desempregadas. Sem dúvida, o desemprego de longa duração é muito importante, pois, ao afastar o indivíduo do dia a dia da atividade econômica, pode torná-lo desatualizado, dificultando seu eventual retorno no futuro. No caso do desemprego de chefes de família, procurou-se destacar a situação de desemprego que normalmente mais prejudica o nível de rendimento familiar.

A principal estatística de rendimento é indiscutivelmente o valor real médio recebido no mercado de trabalho. Para medir a desigualdade e a baixa remuneração, foram incorporadas duas variáveis complementares. Foi selecionada como medida de desigualdade a relação entre os rendimentos médios dos ocupados no trabalho formal (empregados com carteira assinada no setor privado) e no trabalho informal (empregados sem carteira assinada no setor privado). É claro que outras medidas clássicas de desigualdade poderiam ter sido utilizadas. Deu-se preferência, entretanto, a uma medida que procura diferenciar o nível de rendimentos nos segmentos tipicamente formais e informais da economia. Para verificar a importância da sub-remuneração no mercado de trabalho foi utilizado como referência o valor do salário mínimo e contabilizado o percentual de pessoas ocupadas recebendo menos do que o salário mínimo horário. O salário mínimo foi utilizado para a mensuração da sub-remuneração na medida em que representa o mínimo legal devido aos trabalhadores.

Reconhecendo a importância da questão da informalidade no mercado de trabalho brasileiro e o fato de que grande parcela das pessoas ocupadas se encontra em situação precária, utilizou-se como estatística básica de inserção o percentual de ocupados que possuem carteira de trabalho assinada, representando a situação típica de participação no setor formal da economia. A subocupação representa uma situação indesejável, na medida em que aponta para o não aproveitamento de um potencial da força de trabalho disponível no país. Para incorporar alguma informação sobre subocupação, foi utilizado o percentual de pessoas que trabalham menos de 40 horas semanais, embora desejem e estejam disponíveis para trabalhar mais. A segunda variável complementar é de enorme importância na medida em que o nível de escolaridade da população brasileira é reconhecidamente baixo. Por outro lado, a escolaridade está associada ao nível de produtividade dos trabalhadores. Considera-se, portanto, o nível de escolaridade da população ocupada, com a exigência de ao menos o ensino médio completo para uma melhor inserção no mercado de trabalho.

3. Evolução das variáveis selecionadas no período 2010-13

Os dados aqui analisados cobrem o período de janeiro de 2010 a dezembro de 2013.

A taxa de desemprego mostrou nítida redução até 2012. Em 2013, entretanto, parou de cair e ficou bem próxima dos valores encontrados em 2012. O valor médio em 2013 foi de 5,4%, ligeiramente abaixo da média de 5,5% de 2012.

O desemprego de longa duração apresentou queda durante todo o período e continuou caindo em 2013. Em média, apenas 5,4% dos desempregados estavam há 12 meses ou mais sem trabalho neste último ano.

O percentual de chefes de família entre as pessoas desempregadas flutuou entre 24% e 28% no período analisado, com ligeira tendência de crescimento. Em 2013, 27% dos desempregados eram chefes de família.

A remuneração média não parou de crescer em termos reais em todo o período, tendo em 2013 permanecido acima dos valores encontrados em 2012. O avanço em relação a 2012, entretanto, foi menor do que o encontrado nos anos anteriores.

A sub-remuneração em 2013 permanecia praticamente no mesmo nível que a verificada em 2012 e 2011 e abaixo do nível de 2010. Em 2013, 14,3% das pessoas podiam ser consideradas sub-remuneradas por receberem por hora trabalhada menos do que o valor do salário mínimo horário.

Quanto à medida de desigualdade utilizada no indicador, também apresentou tendência de queda no período. Em 2013 os empregados com carteira assinada recebiam em média 24% a mais do que os sem carteira.

O percentual de empregados com carteira assinada continuava aumentando em 2013 relativamente a 2012 e aos anos anteriores, representando uma das maiores transformações ocorridas no mercado de trabalho nos últimos anos no sentido de elevação do nível de formalização das relações de trabalho no país. Enquanto, em 2010, 51% das pessoas ocupadas eram empregados com carteira assinada, três anos depois esse contingente chegava a quase 55%.

A escolaridade dos trabalhadores é outra variável que também apresentou clara evolução favorável. Embora o nível médio de escolaridade das pessoas ocupadas seja reconhecidamente baixo nas comparações internacionais, ele cresceu bastante no período. Em 2010, pouco mais de 59% dos ocupados tinham 11 anos ou mais de estudo. Já em 2013 esse nível de escolaridade era atingido por quase 64% dos ocupados.

Com relação à subocupação, seus níveis são muito baixos, segundo a variável utilizada no índice, tendo permanecido em queda no período. Em 2013, menos de 2% das pessoas ocupadas trabalhavam menos de 40 horas semanais, embora desejassem trabalhar mais e estivessem disponíveis para tal.

Em resumo, pode-se afirmar que, em geral, as nove variáveis utilizadas para a mensuração da qualidade do mercado de trabalho através da PME tendiam a apresentar em 2013 resultados mais favoráveis do que os obtidos nos anos anteriores. Apenas uma delas — desemprego de chefes de família — apontava em sentido contrário, enquanto outras duas — taxa de desemprego e sub-remuneração — apresentavam nesse último ano níveis bastante próximos aos de 2012.

4. Metodologia utilizada para a construção dos indicadores

Para se transformar uma variável do mercado de trabalho em um índice que varie entre zero e um, de tal forma que um valor maior signifique uma situação mais favorável e vice-versa, pode-se utilizar metodologia semelhante à do IDH. A diferença aqui é que, em alguns casos, o aumento da variável significa melhora enquanto em outros significa piora. Portanto, a metodologia precisa passar por uma pequena modificação.[5]

Para aquelas variáveis E_i cujo crescimento significa melhoria (exemplo: rendimento), o índice I_i é calculado por

$$I_i = (E_i - E_{imin})/(E_{imax} - E_{imin}) \qquad (1)$$

onde E_i é o valor da estatística escolhida, E_{imax} seu valor máximo e E_{imin} seu valor mínimo.

Para as estatísticas E_j cujo crescimento significa piora (exemplo: taxa de desemprego), o índice I_j é calculado por

$$I_j = (E_j - E_{jmax})/(E_{jmin} - E_{jmax}) \qquad (2)$$

---

[5] Saboia (2000) propôs e utilizou metodologia similar para um conjunto distinto de variáveis da antiga PME na década de 1990.

A partir das nove variáveis selecionadas, foram calculados os respectivos índices utilizando-se as fórmulas (1) ou (2), de acordo com seu sentido de variação.[6] Os nove índices foram, em seguida, transformados em três indicadores: indicador de *desemprego*; indicador de *rendimento*; e indicador de *inserção*.

Para o cálculo de cada um dos três indicadores, utilizou-se uma média ponderada dando-se peso maior (dois) para o índice da variável principal e peso menor (um) para cada um dos dois índices complementares.

Finalmente, o *indicador síntese* do mercado de trabalho foi obtido pela média aritmética simples dos três indicadores de desemprego, de rendimento e de inserção.[7]

Os valores máximos e mínimos utilizados nas fórmulas de cálculo dos indicadores foram obtidos comparando-se os valores mensais das nove variáveis nas seis regiões metropolitanas em todo o período em que a PME possui dados disponíveis, ou seja, a partir de janeiro de 2003. Tal escolha foi feita para permitir o cálculo de indicadores para todas as regiões metropolitanas cobertas pela PME desde o início de sua divulgação.

5. Resultados dos indicadores no período 2010-13

O indicador síntese de desemprego (gráfico 1) vinha se elevando a cada ano no triênio 2010-12, porém, em 2013, apresentou resultados muito próximos aos obtidos em 2012, mostrando de certa for-

---

[6] Utilizou-se a fórmula (1) para três variáveis: rendimento; carteira assinada; e escolaridade. Para as demais foi utilizada a fórmula (2).
[7] Optou-se pela simplicidade, dando-se, entretanto, maior peso às variáveis consideradas mais importantes. Simulações utilizando outros pesos produzem resultados relativamente próximos aos aqui apresentados.

ma um quase esgotamento em sua melhora. Tal resultado não chega a ser surpreendente na medida em que as taxas de desemprego já se encontravam em níveis muito baixos e dificilmente poderiam cair muito mais. Alguns especialistas, inclusive, argumentavam no período que o país já estava em situação próxima ao pleno-emprego há algum tempo.

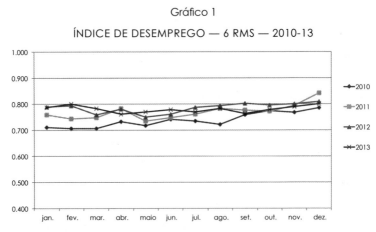

Gráfico 1
ÍNDICE DE DESEMPREGO — 6 RMS — 2010-13

Fonte: Processamento do autor a partir da PME/IBGE.

O indicador síntese de rendimento em 2013 (gráfico 2) permaneceu acima do nível de 2012. O avanço em 2013 foi surpreendente, especialmente nos últimos meses. Aparentemente, o crescimento do rendimento médio associado à queda na desigualdade entre os rendimentos dos empregados com e sem carteira assinada foram suficientes para manter o índice síntese de rendimento em 2013 acima dos níveis dos anos anteriores.

EVOLUÇÃO RECENTE DO MERCADO DE TRABALHO METROPOLITANO E PERSPECTIVAS | 65

Gráfico 2
ÍNDICE DE RENDIMENTO — 6 RMS — 2010-13

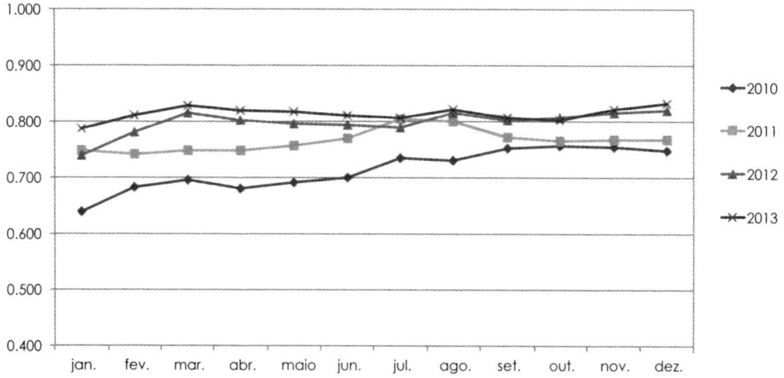

Fonte: Processamento do autor a partir da PME/IBGE.

O indicador de inserção (gráfico 3) continuava apresentando números muito favoráveis em 2013. Isso se deve aos bons resultados na redução da informalidade e ao crescimento da escolaridade, que se mantiveram firmes apesar do pouco crescimento econômico. Dos três conjuntos de indicadores, este é, sem dúvida, aquele que apresentou os melhores resultados.

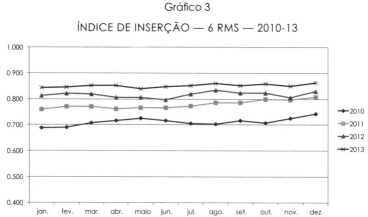

Gráfico 3
ÍNDICE DE INSERÇÃO — 6 RMS — 2010-13

Fonte: Processamento do autor a partir da PME/IBGE.

Finalmente, a composição dos três indicadores parciais para conformar o indicador síntese do mercado de trabalho (gráfico 4) confirma que o mercado de trabalho em 2013 permanecia melhor do que em 2012 e bem acima dos níveis observados em 2010 e 2011. No final de 2013, o índice síntese continuava aumentando relativamente aos meses anteriores e em relação aos mesmos meses de 2012.

Gráfico 4
ÍNDICE SÍNTESE — 6 PMS — 2010-13

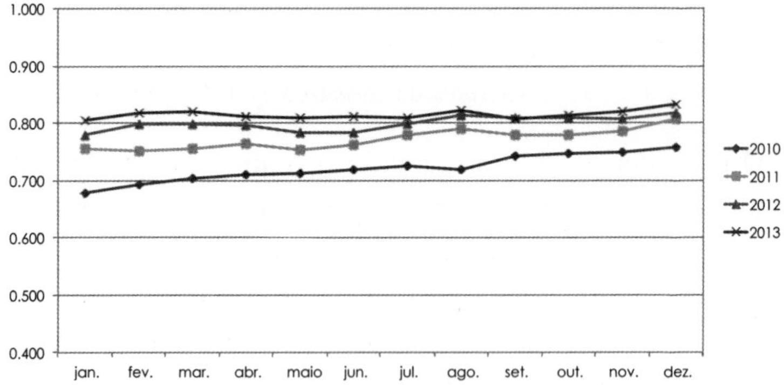

Fonte: Processamento do autor a partir da PME/IBGE.

6. Diferenças entre as regiões metropolitanas

Nesta seção são apresentados os indicadores síntese do mercado de trabalho nas seis regiões metropolitanas cobertas pela PME. Conforme será registrado, os resultados em geral continuaram favoráveis em 2013, embora em pelo menos uma região tenha havido algum retrocesso. Os indicadores apontam também para os grandes diferenciais existentes entre as regiões. Os gráficos 5 a 10 ilustram a evolução do indicador síntese nas seis regiões metropolitanas consideradas.

O indicador síntese de São Paulo permanecia em 2013 acima do nível de 2012. O nível médio em 2013 era o mais elevado entre as seis regiões consideradas, superando 0,9 no final do ano. Isso significa que em 2013 as nove estatísticas utilizadas em São Paulo se encontravam em média a mais de 90% dos melhores valores verificados nas seis regiões metropolitanas em todo o período.

No caso do Rio de Janeiro, também o indicador síntese do mercado de trabalho encontrava-se em 2013 acima dos valores observados nos anos anteriores, embora em meados do ano tenha se aproximado do nível de 2012. O valor médio do indicador do Rio de Janeiro em 2013 situava-se próximo de 0,8, ou seja, abaixo do nível do de São Paulo, sugerindo um mercado de trabalho um pouco menos desenvolvido.

A região metropolitana de Belo Horizonte continuava em 2013 apresentando melhora no mercado de trabalho segundo o indicador síntese, embora o índice tenha se aproximado bastante dos níveis de 2012 no final do ano. Seu nível médio em 2013 era bem próximo ao encontrado no Rio de Janeiro.

O índice síntese de Porto Alegre apresentou no período uma evolução semelhante à de Belo Horizonte, com melhora ao longo dos anos. Em 2013, o indicador síntese da região continuava produzindo valores mais elevados que em 2012, fechando o ano, entretanto, praticamente no mesmo nível de dezembro de 2012.

A situação se modifica ao analisarmos as duas regiões metropolitanas do Nordeste. Em Salvador, por exemplo, houve recuo no indicador síntese em relação a 2012. No final de 2013 seus valores eram superados inclusive pelos resultados de 2011. Em Recife também parece estar havendo desaceleração no mercado de trabalho, embora com alguma recuperação no final de 2013. Nas duas regiões os valores dos índices em 2013 variavam em torno de 0,6, ou seja, bem abaixo dos níveis encontrados nas regiões metropolitanas do Sul e Sudeste, confirmando a pior qualidade de seus mercados de trabalho.

68 | PANORAMA DO MERCADO DE TRABALHO NO BRASIL

Os resultados da comparação entre as regiões metropolitanas mostram que as dificuldades encontradas pela economia na retomada do crescimento nos últimos três anos impactam de forma diferenciada os mercados de trabalho das regiões metropolitanas do país. Enquanto as mais desenvolvidas têm absorvido relativamente bem o baixo crescimento econômico, Salvador e Recife têm reagido de maneira desfavorável, especialmente a primeira.

Em resumo, a aplicação da metodologia aos dados das diferentes regiões metropolitanas do país revela sua capacidade para diferenciar situações, mostrando que, enquanto a tendência geral de redução da melhora se mantém em algumas regiões, em outras estaria ocorrendo uma possível reversão dos avanços obtidos nos anos anteriores, podendo estar até mesmo havendo um processo de piora nas condições do mercado de trabalho local, como no caso de Salvador.

Gráfico 5
ÍNDICE SÍNTESE — SÃO PAULO — 2010-13

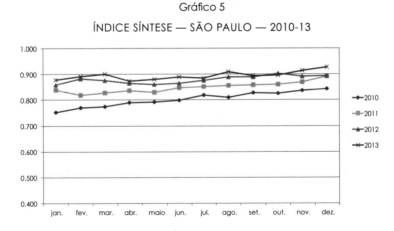

Fonte: Processamento do autor a partir da PME/IBGE.

Gráfico 6
ÍNDICE SÍNTESE — RIO DE JANEIRO — 2010-13

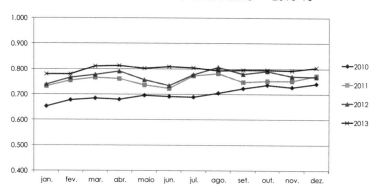

Fonte: Processamento do autor a partir da PME/IBGE.

Gráfico 7
ÍNDICE SÍNTESE — BELO HORIZONTE — 2010-13

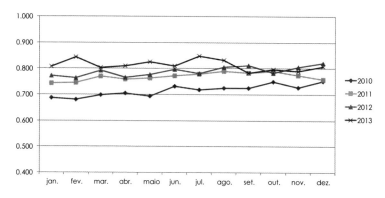

Fonte: Processamento do autor a partir da PME/IBGE.

Gráfico 8
ÍNDICE SÍNTESE — PORTO ALEGRE — 2010-13

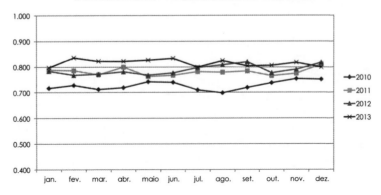

Fonte: Processamento do autor a partir da PME/IBGE.

Gráfico 9
ÍNDICE SÍNTESE — SALVADOR — 2010-13

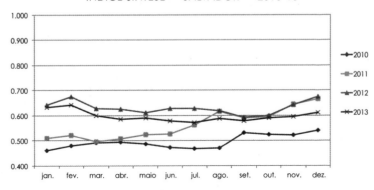

Fonte: Processamento do autor a partir da PME/IBGE.

EVOLUÇÃO RECENTE DO MERCADO DE TRABALHO METROPOLITANO E PERSPECTIVAS | 71

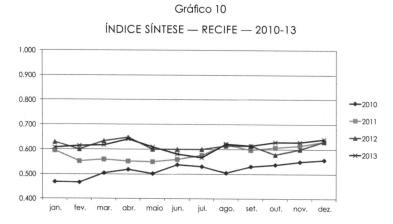

Fonte: Processamento do autor a partir da PME/IBGE.

7. Conclusões

A exploração dos dados mensais da PME a partir de janeiro de 2010 utilizando o sistema de indicadores para o mercado de trabalho proposto neste texto deixou claro que até 2012 os resultados foram nitidamente favoráveis, mas que em 2013 houve desaceleração na melhora observada anteriormente.

Os principais destaques favoráveis em 2013 continuaram sendo o aumento do nível de rendimento, o crescimento da escolaridade dos trabalhadores e a redução da informalidade no mercado de trabalho. No caso do desemprego, as taxas já haviam atingido níveis muito baixos e praticamente pararam de cair.

Ao serem analisados os resultados das distintas regiões metropolitanas cobertas pela PME, observam-se comportamentos diferenciados. São Paulo, além de apresentar as condições mais favoráveis entre as seis regiões metropolitanas, continuou em 2013 a produzir indicadores melhores do que em 2012. Resultado semelhante foi encontrado no Rio de Janeiro, em Belo Horizonte e em

Porto Alegre, porém com um mercado de trabalho de qualidade um pouco inferior à de São Paulo. Quando observadas as regiões metropolitanas de Salvador e Recife, entretanto, identifica-se um mercado de trabalho bem menos desenvolvido e em processo de aparente recuo no caso de Salvador.

Tais resultados são, mais uma vez, a confirmação dos grandes diferenciais regionais existentes no país, mostrando ainda como as diferentes regiões metropolitanas podem reagir de forma distinta em determinadas situações. Enquanto as mais desenvolvidas e formalizadas parecem enfrentar melhor o pouco crescimento econômico, as menos desenvolvidas e mais informais mostram-se mais frágeis.

Uma das perguntas que sempre surge quando se analisa a evolução do mercado de trabalho a partir de meados da década passada é sobre as causas para a melhora observada em um período de crescimento relativamente modesto.

Em primeiro lugar, há que se qualificar a própria melhora na medida em que, embora tenham sido gerados milhões de empregos formais, a imensa maioria possui remuneração inferior a 2 SM, como informam os dados do Caged. Em outras palavras, são empregos de baixa remuneração e, portanto, de baixa produtividade, em geral localizados no setor terciário (comércio e prestação de serviços). A participação crescente do setor terciário no PIB explica em parte tal movimento. Geração de empregos de baixa produtividade é perfeitamente compatível com uma economia de baixo crescimento econômico.

O aumento da remuneração média, por outro lado, está associado ao forte aumento do salário mínimo no período, complementado pelo crescimento da formalização, que acaba garantindo uma remuneração pelo menos equivalente ao mínimo legal. Em outras palavras, o maior aumento salarial coube aos menores salários, contribuindo assim para a elevação da remuneração média e a redução das desigualdades salariais.

Quanto ao aumento da escolaridade, trata-se de fenômeno associado tanto à demanda quanto à oferta. As empresas passaram a exigir maior escolaridade dos trabalhadores na medida em que o nível de escolaridade vinha aumentando pela própria política pública de aumento da oferta de vagas nas escolas e pela atitude dos jovens de adiarem a entrada no mercado de trabalho.

Talvez o maior avanço no mercado de trabalho na última década seja o aumento da formalização das relações de trabalho com o crescimento da posse da carteira assinada. Aí parece ser um fenômeno com várias faces. Por um lado, os próprios trabalhadores tiveram melhores condições para exigir a carteira assinada numa conjuntura de mercado de trabalho aquecido. Por outro, o comportamento da Justiça do Trabalho e as fiscalizações do Ministério do Trabalho parecem ter contribuído para uma mudança de comportamento dos empregadores, que se tornaram mais propensos à formalização de seus empregados.

Nos últimos anos o crescimento da produtividade do trabalho tem sido baixo e essa parece ser a principal razão para a forte queda da taxa de desemprego num período de baixo crescimento econômico. Trata-se de uma situação que não pode continuar indefinidamente, na medida em que representa forte limitação ao crescimento econômico. Portanto, é fundamental que sejam tomadas medidas para o crescimento da produtividade em geral e da produtividade do trabalho em particular. No caso da primeira, é preciso que seja criado um ambiente favorável ao aumento dos investimentos que se encontram em nível sabidamente insuficiente para a retomada do crescimento econômico. No caso da produtividade do trabalho, passa pela continuidade do processo de aumento da escolaridade, por meio de uma escola pública de melhor qualidade, de preferência com ênfase no ensino técnico do segundo grau.

Referências

CARDOSO JR., J. C. As fontes de recuperação do emprego formal no Brasil e as condições para sua sustentabilidade temporal. *Texto para Discussão*, n. 1319, Ipea, Brasília, 2007.

CHAHAD, J. P. Z. O emprego formal no Brasil entre 1992-2006: comportamento, tendências atuais e suas causas. In: MACAMBIRA, J. (Org.). *O mercado de trabalho formal no Brasil*. Fortaleza: Imprensa Universitária, 2006.

CORSEUIL, C. H. L.; FURTADO, L.; ÁGUAS, M. Mercado de trabalho. *Mercado de Trabalho — Conjuntura e Análise*, v. 14, n. 41, nov. 2009.

_____; MOURA, R. L.; RAMOS, L. Determinantes da expansão do emprego formal: o que explica o aumento do tamanho médio dos estabelecimentos? *Texto para Discussão*, n. 1450, Ipea, Brasília, 2009.

POCHMANN, M. Reação do mercado de trabalho no Brasil metropolitano frente à crise internacional. In: MORETTO, A. et al. (Org.). *Economia, desenvolvimento regional e mercado de trabalho no Brasil*. Fortaleza: IDT/BNB/Cesit, 2010.

RAMOS, L. O desempenho recente do mercado de trabalho brasileiro. In: TAFNER, P. (Ed.). *Brasil: o estado de uma nação*: Mercado de Trabalho, Emprego e Informalidade. Rio de Janeiro: Ipea, 2006.

_____; FERREIRA, V. Geração de empregos e realocação espacial no mercado de trabalho brasileiro: 1992-2005. *Pesquisa e Planejamento Econômico*, v. 35, n. 1, 2005.

SABOIA, J. Efeitos do salário mínimo sobre a distribuição de renda no Brasil no período 1995/2005. *Econômica*, v. 9, n. 2, dez. 2007.

_____. Um novo índice para o mercado de trabalho urbano no Brasil. *Revista de Economia Contemporânea*, v. 4, n. 1, jan./jun. 2000.

_____; KUBRUSLY, L. Indicadores para o mercado de trabalho metropolitano no Brasil. 2013. Mimeografado.

CAPÍTULO 4

PANORAMA DO
MERCADO DE TRABALHO
BRASILEIRO: UMA ANÁLISE
DE TEMAS RECENTES

Gabriel Ulyssea*

1. Introdução

Este artigo apresenta uma série de fatos estilizados sobre os últimos 20 anos do mercado de trabalho brasileiro a partir dos microdados da Pesquisa Nacional por Amostra de Domicílios (Pnad), produzida pelo Instituto Brasileiro de Geografia e Estatística (IBGE). O objetivo é discutir, à luz das evidências empíricas, alguns dos grandes temas que têm ocupado um lugar central no debate recente acerca do mercado de trabalho brasileiro.

O primeiro desses temas diz respeito à existência ou não de escassez de mão de obra qualificada no país. É comum encontrar, tanto no debate de políticas públicas quanto na grande mídia, o argumento de que o país estaria vivendo um "apagão" de mão de obra qualificada. Eu examino essa questão com base nos dados da

---

* Coordenador de Estudos e Pesquisa em Trabalho e Renda do Ipea. Parte deste artigo baseia-se no Comunicado n. 160 do Ipea, realizado em coautoria com Ana Luiza Neves de Holanda Barbosa e disponível em: <www.ipea.gov.br/portal/>.

Pnad para o período 1992-2012, examinando a evolução da oferta de mão de obra mais qualificada (medida por anos de escolaridade ajustados por qualidade) e de seu "preço", dado pelos prêmios salariais por nível de escolaridade.

O segundo tema a ser analisado é se estamos no pleno-emprego ou se haveria espaço para expandir a oferta de mão de obra no mercado de trabalho brasileiro. Esse tema é de suma importância para a determinação do desempenho futuro de indicadores centrais do mercado de trabalho, tais como a taxa de desemprego, mas também para a determinação da possibilidade de expansão da produção via expansão da população ocupada. Essa questão torna-se particularmente premente diante do fato de a taxa de desemprego estar hoje em seu nível mais baixo dos últimos 20 anos. A análise desse tema se concentra na da taxa de participação no mercado de trabalho brasileiro, e como ela evolui dentro de diferentes grupos. O objetivo é avaliar em que medida a oferta de trabalho poderia ser expandida por meio de uma maior taxa de participação de diferentes grupos sociodemográficos.

O terceiro tema diz respeito ao desempenho da indústria no mercado de trabalho, com ênfase na discussão acerca da existência de um processo de desindustrialização. Por fim, eu discuto brevemente alguns efeitos do salário mínimo no mercado de trabalho brasileiro, com ênfase nos últimos 10 anos.

A organização do capítulo segue a organização dos temas discutidos anteriormente. Antes, contudo, eu apresento um breve panorama da evolução de alguns dos principais indicadores do mercado de trabalho brasileiro, para em seguida abordar cada um dos temas descritos.

2. Pano de fundo: evolução dos principais indicadores do mercado de trabalho brasileiro

Nos últimos 10 anos a taxa de desemprego apresentou queda quase que contínua e bastante acentuada, atingindo seu menor nível desde 1992, como mostra o gráfico 1. O mesmo pode ser dito a respeito da informalidade, que durante os anos 2000 reverteu todo o aumento observado ao longo dos anos 1990 (gráfico 2). Concomitantemente, o rendimento médio do trabalho apresentou uma forte elevação durante o mesmo período, tanto de todos os trabalhos quanto do trabalho principal (gráfico 3). Por fim, a desigualdade de rendimentos caiu de forma bastante acentuada, em um movimento contínuo iniciado em meados da década de 1990 (gráfico 4).

Gráfico 1

TAXA DE DESEMPREGO

Fonte: Ipea, elaboração a partir dos dados da Pnad.

78 | PANORAMA DO MERCADO DE TRABALHO NO BRASIL

Gráfico 2
TAXA DE INFORMALIDADE

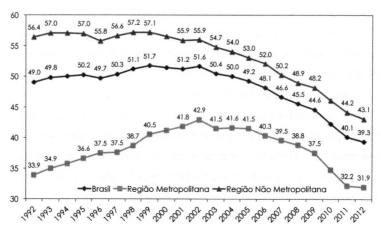

Fonte: Ipea, elaboração a partir dos dados da Pnad.

Gráfico 3
RENDIMENTO DO TRABALHO

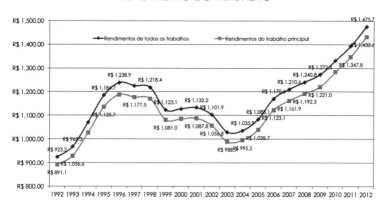

Fonte: Ipea, elaboração a partir dos dados da Pnad.

Gráfico 4
DESIGUALDADE DE RENDIMENTOS DO TRABALHO — ÍNDICE DE GINI

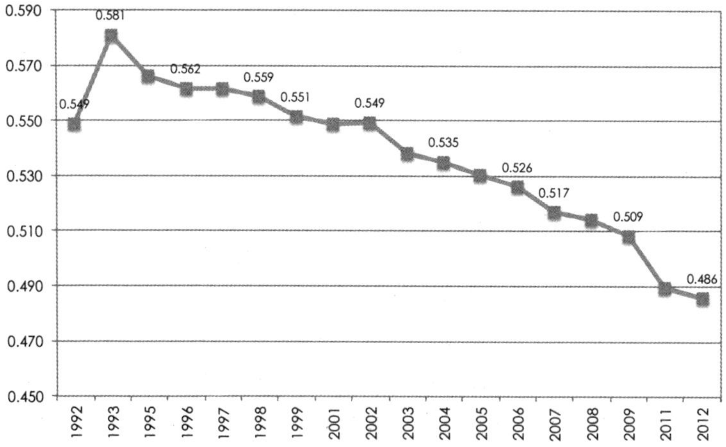

Fonte: Ipea, elaboração a partir dos dados da Pnad.

Portanto, o desempenho do mercado de trabalho brasileiro nos últimos 10 anos é extremamente positivo, com uma melhora de todos os indicadores aqui analisados. Não obstante, essas evidências são silenciosas no que diz respeito às grandes perguntas colocadas na introdução, que são de importância central para o desempenho futuro do mercado de trabalho e da economia como um todo.

3. Há escassez de mão de obra qualificada?

A primeira evidência a ser examinada é a evolução da oferta relativa de mão de obra por nível de escolaridade. A medida de qualificação do trabalho utilizada é o nível de escolaridade dos trabalhadores, o que certamente é uma medida imperfeita. No entanto, é a medida mais amplamente utilizada na literatura nacional e internacional, e que constitui a única medida disponível do nível de capital humano dos trabalhadores. Para refinar essa medida, utilizei o conceito de "unidades de eficiência" para medir o total de trabalhadores por nível de qualificação, o que é um procedimento usual na literatura internacional.[1] O procedimento consiste em dividir os trabalhadores na PEA em grupos de escolaridade, gênero e experiência potencial. Na prática, são células caracterizadas pela interação entre 50 anos de experiência potencial, duas categorias de gênero e cinco grupos educacionais: 0 a 7, 8 a 10, 11, 12 a 14 e 15 anos ou mais de escolaridade. Para cada uma dessas 500 células (=50x2x5), computei o salário médio em todo o período e defini os salários relativos de cada célula em função do salário médio da célula com menor rendimento médio. Esses salários relativos definem, portanto, o peso de cada unidade dentro de suas respectivas células.

O gráfico 5 exibe a evolução do total de trabalhadores em cada grupo educacional — fundamental completo, mas ensino médio (EM) incompleto (0 a 10); EM completo (11 anos); algum ensino superior (11 a 14); e pelo menos ensino superior completo (15 ou mais) — relativo ao total de trabalhadores no grupo menos qualificado, ou seja, com fundamental incompleto.

---

[1] Ver, por exemplo, Acemoglu (2011:1043-1171).

Gráfico 5
OFERTA RELATIVA DE MÃO DE OBRA QUALIFICADA
POR NÍVEL DE ESCOLARIDADE

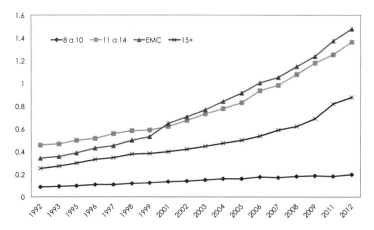

Fonte: Ipea, elaboração a partir dos dados da Pnad.

O gráfico 5 mostra uma expansão contínua de todos os grupos de escolaridade, em particular o de ensino médio completo e 12 a 14 e, mais discretamente, o de 15 anos ou mais. Portanto, a primeira evidência contra a noção de escassez de mão de obra qualificada no mercado de trabalho é de que a oferta relativa de trabalhadores mais escolarizados vem aumentando continuamente durante o período observado. É claro que isso não exclui a possibilidade de alguns setores específicos identificarem alguma escassez de técnicos especializados. De maneira geral, entretanto, a escassez não parece predominar no mercado de trabalho como um todo.

Olhando para o preço relativo da mão de obra qualificada, o que se observa é que todos os diferenciais salariais por escolaridade no mercado de trabalho registram queda contínua nesse período (gráfico 6). Quando a quantidade está aumentando e o preço está caindo, não pode haver escassez no mercado. Exceto por casos específicos, considero difícil argumentar que haja escassez de mão de obra qualificada em termos relativos. Isso não significa dizer que seja irrelevante aumentar a oferta em termos absolutos. Ela também vem crescendo, mas é importante ampliar esse movimento, especialmente para reduzir o gargalo observado nos ensinos médio e técnico. Afinal, temos um problema de baixa produtividade no mercado de trabalho brasileiro.

Gráfico 6
RETORNOS DA ESCOLARIDADE

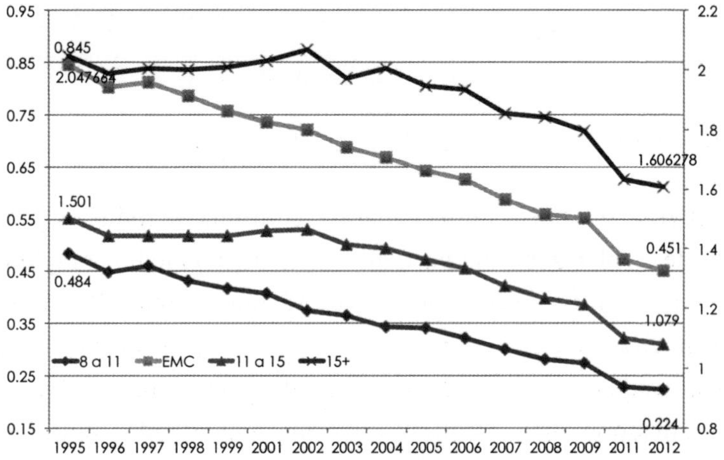

[Gráfico com séries: 8 a 11, EMC, 11 a 15, 15+; valores iniciais 0,845; 2.047; 1.501; 0.484 e valores finais 1.606278; 0.451; 1.079; 0.224; anos de 1995 a 2012]

Fonte: Ipea, elaboração a partir dos dados da Pnad.

Por fim, o gráfico 7 mostra a composição do estoque dos desempregados no mercado de trabalho, que são aqueles que estão ofertando sua mão de obra, mas que por algum motivo não conseguiram se empregar. Entre 1992 e 2012, a participação do grupo com pelo menos ensino médio completo aumentou substancialmente. Ou seja, não são os trabalhadores de baixa qualificação aqueles esperando para, de fato, conseguirem uma ocupação, mas sim os de maior qualificação. Essas três evidências, portanto, sugerem que não há escassez de mão de obra qualificada no mercado de trabalho brasileiro como um todo.

Gráfico 7
COMPOSIÇÃO DO DESEMPREGO

Fonte: Ipea, elaboração a partir dos dados da Pnad.

4. Há espaço para a expansão da oferta de trabalho?

Como mostrou a seção 2, o Brasil registrou em 2012 a taxa de desemprego mais baixa de sua série histórica. Quando olhamos a evolução dessa taxa nos últimos 10 anos, a tendência de queda é quase contínua. A questão que fica é: ainda há possibilidade de aumentar a oferta de trabalho?

Para responder a essa pergunta, concentrei a análise na taxa de participação, que indica o potencial de expansão da oferta futura. No gráfico 8 é possível observar que a taxa de participação brasileira como um todo se aproxima da taxa de participação das mulheres nos Estados Unidos. Esse é um dado que deve ser ressaltado, pois as mulheres tradicionalmente têm uma taxa de participação inferior à dos homens. Há uma diferença de cerca de dois a três pontos percentuais entre a taxa de participação masculina nos EUA *vis-à-vis* o Brasil, ao longo de toda a série, o que representa uma diferença substancial em termos de taxa de participação. Porém, o dado que mais chama atenção no gráfico é a distância entre a taxa de participação feminina nos EUA e a taxa de participação feminina no Brasil, de cerca de 10 pontos percentuais. Para aliviar a pressão no mercado de trabalho e ampliar a oferta de mão de obra nos próximos anos, é crucial entender por que as mulheres não estão ofertando sua mão de obra de forma mais ampla.

Gráfico 8
A EVOLUÇÃO DA TAXA DE PARTICIPAÇÃO NO
MERCADO DE TRABALHO — EUA VS. BRASIL

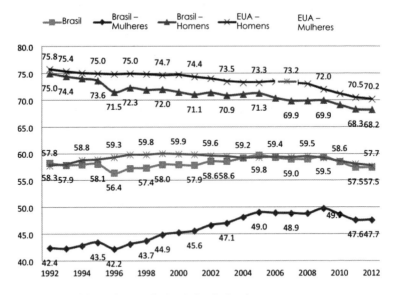

Fonte: Ipea, elaboração a partir dos dados da Pnad.

Para ressaltar ainda a importância da taxa de participação, a tabela 1 apresenta uma decomposição da variação da taxa de ocupação em termos da variação da taxa de participação e da taxa de desemprego. A decomposição baseia-se na seguinte identidade:

$$\ln\left(\frac{Ocupados}{PIA}\right) = \ln\left(\frac{PEA}{PIA}\right) + \ln\left(\frac{Ocupados}{PEA}\right)$$

onde a razão ocupados/PIA é exatamente a taxa de ocupação e PEA/PIA a taxa de participação no mercado de trabalho.

A tabela 1 mostra que, entre 2009 e 2012, o efeito negativo resultante da queda na taxa de participação compensou o efeito positivo advindo da queda na taxa de desemprego, fazendo com que a taxa de ocupação permanecesse estável com leve tendência de queda no período. A queda na taxa de participação foi especialmente acentuada entre os mais jovens (15 a 24 anos) e na região Nordeste. A queda na taxa de participação dos jovens pode ter um lado positivo, pois esses jovens podem estar fora do mercado de trabalho para se educar mais. Esse fenômeno tem efeitos de longo prazo extremamente positivos, pois aumenta capital humano e produtividade. Porém, resultados recentes sugerem que o percentual de jovens que não participa do mercado de trabalho e que tampouco estuda aumentou recentemente, o que é extremamente preocupante do ponto de vista da política pública.

Tabela 1
DECOMPOSIÇÃO DA TAXA DE OCUPAÇÃO

	Taxa de Ocupação			Taxa de Participação			Taxa de Desemprego		
	2009	2012	Variação Relativa	2009	2012	Variação Relativa	2009	2012	Variação Relativa
Brasil	54,1	53,7	-0,8	59,5	57,5	-3,4	9,1	6,7	-29,8
Homens	65,2	64,7	-0,7	69,9	68,2	-2,5	6,7	5,1	-27,9
Mulheres	43,7	43,4	-0,7	49,7	47,7	-4,2	12,1	8,9	-30,5
Faixa Etária									
15 a 24	49,5	48,6	-1,8	61,0	57,5	-5,9	18,9	15,5	-20,0
25 a 49	75,8	75,9	0,2	81,6	80,0	-1,9	7,1	5,1	-32,5
50 e mais	41,2	40,3	-2,3	42,8	41,3	-3,6	3,7	2,5	-38,3
Região									
SE	55,3	55,7	0,7	60,9	59,5	-2,3	9,2	6,4	-36,4
S	58,6	58,1	-0,8	62,7	60,9	-3,0	6,5	4,5	-36,6
CO	57,3	58,0	1,3	62,6	61,4	-2,0	8,5	5,4	-44,7
NE	49,4	47,2	-4,5	55,0	51,8	-6,0	10,2	8,8	-14,8
N	51,9	52,3	0,7	58,0	56,8	-2,0	10,4	8,0	-26,1

Fonte: Elaboração do autor; ver texto.

5. A indústria no mercado de trabalho

Um dos principais tópicos de debate recente é a possível existência de um processo de desindustrialização na economia brasileira, que estaria refletido também no mercado de trabalho. O Gráfico 9 apresenta a participação de diferentes setores no total do emprego no Brasil, bem como a participação da indústria no emprego total na Alemanha e EUA.

Gráfico 9
PARTICIPAÇÃO DA INDÚSTRIA NO EMPREGO —
EUA, ALEMANHA E BRASIL

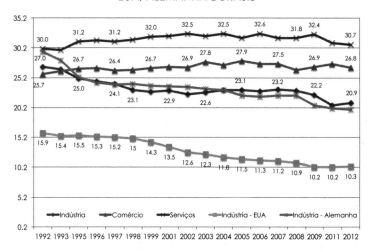

Fonte: Ipea, elaboração a partir dos dados da Pnad.

A evolução da indústria no emprego tem duas fases importantes. A primeira acontece no final dos anos 1990, quando a participação do setor industrial no total do mercado de trabalho cai quase três pontos percentuais. A segunda se dá em 2008, quando, após um período de estabilidade, essa participação volta a cair. Considero que a queda mais recente é a que tem motivado a maior parte do debate atual. Para auxiliar a análise desse movimento, é informativa a comparação com os casos dos Estados Unidos e Alemanha. Em 1972, a indústria dos EUA respondia por 25% a 30% da força de trabalho americana. No gráfico, pode-se observar que em 1992 esse percentual já havia caído para 15% e, em 2012, era de 10%. Na Alemanha, a tendência se repete, com declínio contínuo, chegando a 2012 com uma participação abaixo da registrada pelo Brasil.

Ao analisar esses dados, é preciso levar em conta duas questões. A primeira é que é possível que o *timing* de tais transformações possa ser importante. Ou seja, é possível que o momento do ciclo de desenvolvimento em que ocorre a redução da participação da indústria possa ter efeitos importantes sobre o crescimento econômico. A segunda é que a estrutura da economia mundial é fundamentalmente diferente daquela existente 20 anos atrás, sendo muito mais concentrada no setor de serviços. Assim, a pergunta relevante em termos de política econômica é se vale a pena investir na "reindustrialização" do Brasil e aumentar essas taxas de participação da indústria, ou focar a política pública no aumento da produtividade no setor de serviços.

Os gráficos 10 e 11 apresentam evidências adicionais importantes. O gráfico 10 mostra que, na maior parte do período analisado, a queda da participação da indústria no emprego ocorreu devido a um crescimento mais acentuado do emprego nos setores de serviços e comércio, e não devido a uma contração do emprego total na indústria. Porém, esse cenário se altera a partir de 2008, quando o emprego total na indústria sofre uma queda.

Gráfico 10
EVOLUÇÃO DO EMPREGO TOTAL POR SETOR DE ATIVIDADE

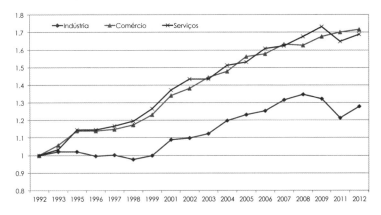

Fonte: Ipea, elaboração a partir dos dados da Pnad.

Porém, o gráfico 11 mostra um resultado de certa forma surpreendente. Mesmo após 2008, o emprego industrial com carteira assinada não parou de crescer. A queda no emprego total foi causada por uma reversão da tendência de crescimento do emprego sem carteira dentro da indústria. Esse gráfico é fundamental para ponderar a discussão, pois foi o emprego sem carteira assinada que causou a queda do emprego total na indústria no período recente.

Gráfico 11

EVOLUÇÃO DO EMPREGO FORMAL E INFORMAL NA INDÚSTRIA

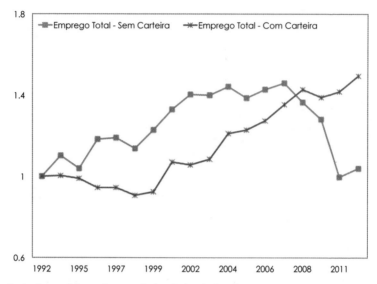

Fonte: Ipea, elaboração a partir dos dados da Pnad.

Por fim, um dado importante e frequentemente citado é o custo do trabalho nos diferentes setores, mas em particular na indústria, medido aqui simplesmente pelo salário médio por setor. O gráfico 12 mostra que o crescimento salarial na indústria foi maior apenas que aquele observado no setor de construção, e que a agricultura apresentou elevações muito mais expressivas no período, devido ao *boom* de *commodities*, aos ganhos de produtividade e à redução de mão de obra no campo verificados no período. Assim, a indústria não foi, de acordo com a evolução do salário médio por setor, o setor que observou maior crescimento do custo do trabalho.

Gráfico 12
EVOLUÇÃO DO SALÁRIO MÉDIO POR SETOR DE ATIVIDADE

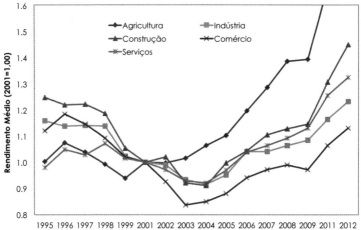

Fonte: Ipea, elaboração a partir dos dados da Pnad.

6. Salário mínimo

Para concluir este artigo, abordarei brevemente o tema do salário mínimo. O gráfico 13 mostra a evolução do salário mínimo real, que em 2012 apresentou um crescimento, acumulado de mais de 60%.

Gráfico 13
EVOLUÇÃO DO SALÁRIO MÍNIMO REAL

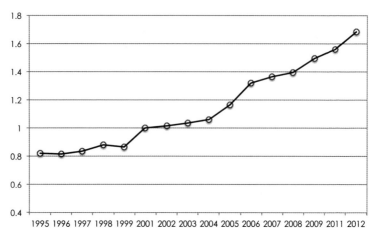

Fonte: Ipea, elaboração a partir dos dados da Pnad.

Em um cenário em que o desemprego e a informalidade estão caindo, o aumento do salário mínimo necessariamente leva a uma forte queda da desigualdade de salários, pois leva a uma compressão da distribuição de salários. O gráfico 14 confirma esta hipótese. O gráfico mostra a evolução de alguns percentis da distribuição de salários (10º, 25º, 75º e o 90º) normalizados pela mediana (em logaritmo). Assim, o gráfico mostra a diferença em logs de cada percentil e do salário mínimo em relação à mediana da distribuição. A figura mostra que os percentis mais baixos da distribuição de salários tiveram ganhos expressivos diante da mediana da distribuição, enquanto o oposto ocorreu com os percentis mais altos (o 75º e 90º percentis), indicando uma forte compressão da distribuição de salários.

Gráfico 14
SALÁRIO MÍNIMO E DESIGUALDADE DE SALÁRIOS

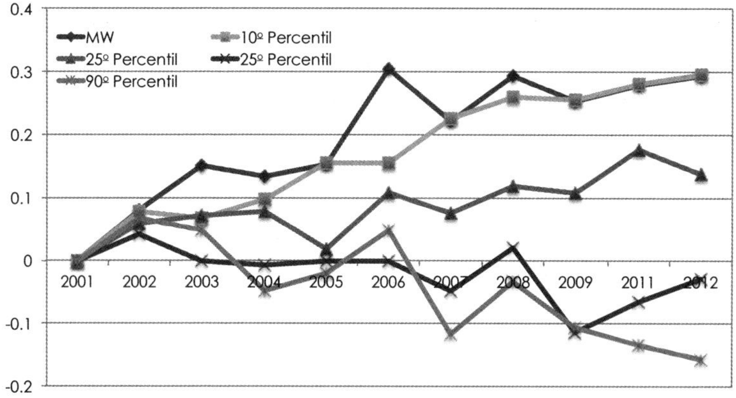

[Gráfico com séries: MW, 10º Percentil, 25º Percentil, 25º Percentil, 90º Percentil, anos 2001 a 2012, eixo vertical de -0,2 a 0,4]

Fonte: Ipea, elaboração a partir dos dados da Pnad.

Por fim, outro efeito ainda pouco discutido é o que está acontecendo com as pessoas que ganham em torno do salário mínimo. Se há um aumento do preço da mão de obra menos qualificada no mercado de trabalho (o salário mínimo) e a produtividade não está crescendo de forma correspondente, a reação natural dos empregadores seria buscar trabalhadores de maior produtividade para ocupar postos de trabalho que pagam o salário mínimo. Se isso de fato está ocorrendo, deveríamos observar uma forte elevação da escolaridade daqueles que recebem o mínimo, pois os empregadores estariam dispensando aqueles de baixíssima escolaridade.

O gráfico 15 confirma essa conjectura. A escolaridade média daqueles que ganham salário mínimo aumentou muito mais do que a escolaridade média no mercado de trabalho como um todo. Obviamente, isso ainda é uma evidência superficial, mas é sintomático que a escolaridade média desses trabalhadores tenha crescido acima da média brasileira. Possivelmente, o que está acontecendo é um efeito composição fortíssimo, com a exclusão de trabalhadores menos qualificados desses postos, que são substituídos por outros mais qualificados. A taxa de participação para aqueles com até oito anos de escolaridade, por exemplo, vem caindo acentuadamente, especialmente nos últimos cinco anos. A razão, em parte, pode ser esse "efeito-expulsão" do mercado de trabalho devido aos aumentos do salário mínimo.

Gráfico 15
EVOLUÇÃO DA ESCOLARIDADE MÉDIA ENTRE RECIPIENTES E NÃO RECIPIENTES DO SALÁRIO MÍNIMO

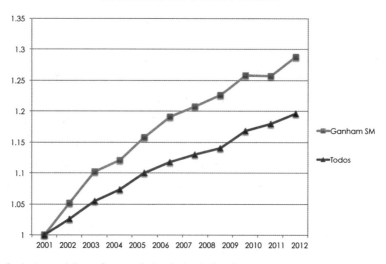

Fonte: Ipea, elaboração a partir dos dados da Pnad.

7. Conclusão

Este capítulo examinou algumas questões recentes que têm ocupado lugar de destaque no debate sobre o mercado de trabalho brasileiro. A primeira questão examinada foi a hipótese de que o país estaria vivendo um "apagão" de mão de obra qualificada. Examinando os dados da Pnad para o período 1992-2012, não há qualquer evidência de que esse é o caso no mercado de trabalho como um todo. Ao contrário, a oferta de mão de obra mais qualificada (medida por anos de escolaridade ajustados por qualidade) vem crescendo continuamente. De forma compatível, o "preço" (isto é, prêmios salariais) do trabalho qualificado vem caindo de forma também contínua. Ambos os fatos são incompatíveis com a ideia de escassez.

Quanto à possibilidade de expansão da oferta de trabalho, a análise indicou que a taxa de participação no mercado de trabalho brasileiro é baixa, especialmente se comparada à americana, e especialmente entre as mulheres. Para reduzir a pressão sobre o mercado de trabalho, é preciso entender os determinantes dessa baixa taxa de participação entre as mulheres. Outro grupo que se destaca são os jovens, pois boa parte da população de 15 a 24 não está participando do mercado de trabalho e tampouco está se educando. Entender os determinantes de tal comportamento também é fundamental não apenas para o mercado de trabalho, mas também para o crescimento futuro.

Quanto ao debate de desindustrialização, a análise indicou que a redução da participação da indústria ocorreu não por conta de uma redução do nível de emprego, mas sim devido a um crescimento menos acentuado do que aquele observado em outros setores. Apenas a partir de 2008 houve de fato uma contração do emprego total na indústria. Porém, essa queda ocorreu devido a uma redução do emprego informal dentro da indústria, uma vez que o emprego formal seguiu crescendo durante esse período.

Quanto ao salário mínimo, este parece ter desempenhado, de fato, um papel importante na redução da desigualdade de salários nos últimos 10 anos. Isso, entretanto, só foi possível por conta do cenário extremamente positivo do mercado de trabalho brasileiro, o que suscita dúvidas quanto à sustentabilidade desse quadro.

Finalmente, um potencial efeito colateral dessa política de valorização pode ter sido a exclusão de trabalhadores muito pouco qualificados do mercado de trabalho brasileiro. Essa conjectura ainda precisa ser explorada com maior profundidade, mas as evidências apresentadas nesse capítulo e a forte redução na taxa de participação de trabalhadores de baixíssima escolaridade parecem de fato indicar que a política agressiva de valorização do salário mínimo pode ter causado a exclusão desses trabalhadores do mercado de trabalho.

Referência

ACEMOGLU, Daron. Skills, tasks and technologies: implications for employment and earnings. *Handbook of Labor Economics*, v. 4, p. 1043-1171, 2011.

CAPÍTULO 5

A CONDIÇÃO "NEM-NEM" ENTRE OS JOVENS É PERMANENTE?[*]

Naércio Menezes Filho
Pedro Henrique Cabanas
Bruno Komatsu[**]

1. Introdução

Os jovens representam uma parcela importante da população. Apesar de sua gradual perda de importância numérica e relativa nos últimos anos,[1] a população jovem tradicionalmente apresenta dificuldades de inserção e de obtenção de postos de trabalho estáveis e bem remunerados no mercado de trabalho (Flori, 2005).

Os dados sobre desemprego no Brasil têm se mostrado bastante favoráveis. De acordo com a Pesquisa Mensal de Emprego (PME) do Instituto Brasileiro de Geografia e Estatística (IBGE), a taxa de desemprego aberto caiu de cerca de 12% em 2003[2] para pouco menos da metade desse valor em 2013; como podemos ver no gráfico 1, en-

---
[*] Agradecemos os comentários de Fernando Veloso e Regis Bonelli.
[**] Do Centro de Políticas Públicas — Insper e USP.
[1] Segundo dados dos Censos Demográficos do IBGE, em 2000 havia 51,43 milhões de jovens com idade entre 15 e 29 anos (30,03% da população); já em 2010 havia pouco mais de 51,34 milhões de indivíduos na mesma faixa de idade, totalizando 26,8% da população (ver pirâmide etária na página do IBGE na internet em: <http://censo2010.ibge.gov.br/sinopse/webservice/frm_piramide.php>).
[2] Média anual da taxa de desemprego aberto na semana de referência.

tre os jovens a tendência se repetiu de forma acentuada (passando de 27% em 2003 a 15,8% em 2013). Dificilmente se pode considerar o problema como resolvido, já que nos primeiros nove meses de 2013 a taxa ainda é 3,5 vezes maior do que aquela dos adultos,[3] além do fato de que ela pode voltar a aumentar caso a economia nacional passe por períodos de instabilidade. Em contraste com essas tendências, há um novo dado preocupante levantado em pesquisas recentes: a proporção de jovens economicamente inativos (que não trabalham e nem procuram trabalho) e que não estudam tem se mantido em um nível expressivo ao longo dos anos, com médias anuais de 14,1% em 2003 e de 16% em 2013, segundo dados da PME (gráfico 1).[4]

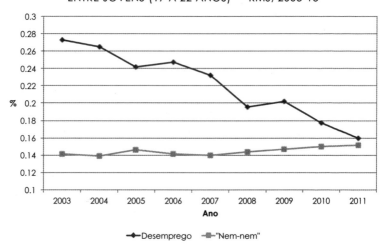

Gráfico 1
TAXA DE DESEMPREGO E PROPORÇÃO "NEM-NEM"
ENTRE JOVENS (17 A 22 ANOS) — RMS, 2003-13

Fonte: PME/IBGE. Elaboração própria. Dados de 2013 até setembro.

---

[3] Considerando jovens com idade entre 17 e 22 anos e adultos com idade entre 30 e 70 anos.
[4] Consideramos novamente os jovens de 17 a 22 anos, inativos na semana de referência.

Essa tendência de crescimento é mais acentuada para os jovens do sexo masculino (de 9% em 2003 para 12,7% em 2013), porém o valor da taxa é maior para as mulheres (19,1% em 2003 e 19,4% em 2013).

Do ponto de vista econômico, a importância do problema dos jovens inativos que não estudam (situação frequentemente chamada de "nem-nem") vem do fato de que a educação constitui um dos fundamentos do desenvolvimento do país, e uma proporção de pessoas na idade crítica da transição para o mercado de trabalho que não frequentam escolas pode significar prejuízos futuros de desenvolvimento. Do ponto de vista social, o que talvez seja mais grave, os mesmos indivíduos e suas famílias podem se encontrar em condições de vulnerabilidade (Camarano e Kanso, 2012).

Nosso objetivo no presente estudo é examinar com maior detalhe o crescimento da proporção dos jovens "nem-nem" entre 2003 e 2011, realizando desagregações segundo variáveis individuais. Além disso, implementamos decomposições das taxas de jovens na situação "nem-nem" em dois determinantes: a taxa de entrada nessa situação e a duração média da mesma. Verificamos que é o aumento da duração média na situação "nem-nem" ao longo dos anos o fator responsável pelo crescimento da proporção de jovens naquela situação; apesar disso, a duração média é comparativamente pequena em relação às demais situações de estudos e mercado de trabalho.

2. Metodologia e dados

Neste estudo trabalharemos com a faixa de idade dos jovens com idade entre 17 e 22 anos, com o intuito de nos concentrarmos nos indivíduos que estariam na fase de transição a partir do fim do ensino médio. Além disso, serão consideradas quatro situações de estudos e atividade econômica, formadas pelo cruzamento das variáveis de situação de atividade econômica (ativo ou inativo) e de situação dos estudos (estuda ou não estuda). Utilizaremos dados da Pesquisa Mensal de Emprego (PME), realizada mensalmente pelo Instituto Brasileiro de Geografia e Estatística (IBGE) em seis das principais regiões metropolitanas brasileiras.[5] A amostragem da PME possui um esquema de painel rotativo em que cada domicílio é entrevistado oito vezes no total, sendo as quatro primeiras entrevistas realizadas em quatro meses consecutivos e as quatro últimas entrevistas após um intervalo de oito meses. Neste trabalho serão explorados principalmente os dados das quatro primeiras entrevistas, a fim de captar as transições entre as situações de mercado de trabalho e estudos.

Adotaremos uma metodologia que utiliza dados de fluxos de entrada e saída do desemprego, adaptada para a situação que nos interessa: a dos jovens inativos e que não estudam. Esse método foi originalmente desenvolvido por Layard e colaboradores (1991) e aplicado ao caso brasileiro por Flori (2005). A metodologia faz uma decomposição da taxa de inatividade de estado estacionário em dois determinantes: a taxa de entrada naquela situação e a duração média na mesma:

Taxa de Inatividade = Taxa de Entrada × Taxa de Duração

As transições entre as situações de mercado de trabalho e estudos são tratadas como processo de Markov, em que o estado futuro depende somente do estado presente, e não de como o processo chegou nesse último.

A taxa de inatividade de estado estacionário[6] pode ser definida como a razão entre o número de pessoas "nem-nem" (I) e o

---

[5] São elas as regiões metropolitanas de São Paulo, do Rio de Janeiro, de Belo Horizonte, de Salvador, de Recife e de Porto Alegre.
[6] O estado estacionário ocorre quando os fluxos de entrada e saída da situação "nem-nem" se igualam.

restante dos indivíduos (pessoas que fazem parte da População Economicamente Ativa — PEA — e inativos que estudam), que chamaremos de N: I/N.

A taxa de entrada de estado estacionário é a razão entre o número de entrantes na situação "nem-nem" (S) e o total de pessoas nas demais situações (N). Por fim, a duração média será a razão entre o total de "nem-nem" (I) e o número de entrantes (S).

Pode-se fazer uma decomposição a partir da identidade:

$$\frac{I}{N} \equiv \frac{S}{N} \times \frac{I}{S}$$

3. Resultados descritivos

Primeiramente iremos analisar dados descritivos sobre a situação de estudo e atividade dos jovens nos períodos 2003-04 e 2010-11, somente para a quarta entrevista do painel rotativo da PME.

De forma sintética, o gráfico 2 mostra a situação de estudo e atividade no período considerado. Como se pode observar, o percentual de jovens que participam da PEA e estudam diminuiu no período (cerca de 4 p.p.), de modo que as demais proporções apresentam aumento, em especial aquela de indivíduos economicamente ativos que não estudam. A taxa de inatividade geral (para estudantes e não estudantes) aumenta em 2 p.p., e o aumento relativo é dividido igualmente entre estudantes e não estudantes.

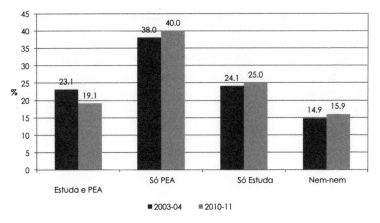

Gráfico 2
SITUAÇÃO DE ESTUDO E ATIVIDADE DOS JOVENS
(ENTRE 17 E 22 ANOS) — RMS, 2003-04, 2010-11

Fonte: PME/IBGE. Elaboração própria.

Observa-se no gráfico 3 que ao longo de todo o período as proporções de mulheres inativas que não estudam são significativamente maiores do que as dos homens. Entre 2003-04 e 2010-11 o movimento geral de redução dos participantes da PEA que estudam ocorre entre mulheres e homens, porém entre os últimos a redução é mais acentuada, de modo que no final do período os percentuais dessa situação são muito próximos entre os dois sexos. As proporções que mais aumentam são aquelas dos economicamente ativos que não estudam. Podemos observar que, entre as mulheres, o percentual de "nem-nem" praticamente não se altera ao longo do tempo.

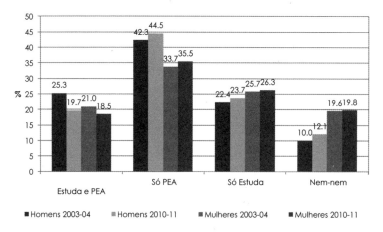

Gráfico 3
SITUAÇÃO DE ESTUDO E ATIVIDADE DOS JOVENS, POR SEXO — RMS, 2003-04 E 2010-11

Fonte: PME/IBGE. Elaboração própria.

No gráfico 4 os jovens são separados pela cor da pele, entre brancos e não brancos, nos quais estão inclusos os pretos, pardos, amarelos e indígenas. Novamente, a redução dos economicamente ativos que estudam atinge os dois grupos, porém os percentuais que aumentam diferem entre os grupos. Entre os brancos, há maiores variações positivas entre as categorias de inatividade; entre os não brancos, o maior aumento ocorre nos participantes da PEA que não estudam. A proporção dos "nem-nem" aumenta cerca de 1 p.p. tanto entre brancos quanto entre não brancos.

Gráfico 4
SITUAÇÃO DE ESTUDO E ATIVIDADE POR JOVENS, POR RAÇA/COR — RMS, 2003-04 E 2010-11

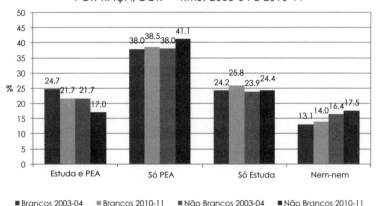

Fonte: PME/IBGE. Elaboração própria.

Quando separados por faixas etárias, os jovens refletem o que seria natural em relação à situação de estudo e atividade. Nos dados de 2010-11, na faixa entre 17 e 18 anos a maior proporção dos indivíduos está apenas estudando (46,8%), enquanto na faixa de 21 a 22 anos a maioria dos jovens está apenas no mercado de trabalho (56%), pois provavelmente a maior parte deles já concluiu o período de estudos do ensino médio. No entanto, pode-se observar que a maior proporção de "nem-nem" é entre aqueles com idade entre 19 e 20 anos. Isso pode ocorrer devido ao fato de que a maioria dos jovens nessa faixa está numa fase de transição entre o estudo e o trabalho.

Gráfico 5

SITUAÇÃO DE ESTUDO E ATIVIDADE DOS JOVENS, POR FAIXAS ETÁRIAS — RMS, 2010-11

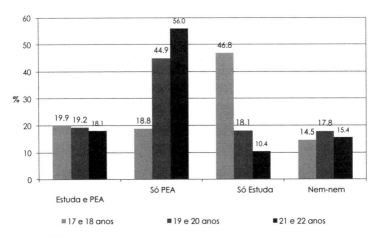

Fonte: PME/IBGE. Elaboração própria.

Comparando os intervalos de 2003-04 e 2010-11 na tabela 1, pode-se observar uma queda em todas as faixas de idade na proporção de jovens economicamente ativos que estudam, mais acentuada entre os mais jovens. Esse grupo tem os percentuais de inativos aumentado, tanto de estudantes quanto de não estudantes (em 2,7 p.p. e 2,3 p.p., respectivamente). Entre os jovens de 19 a 20 anos aumenta mais a proporção dos que somente participam do mercado de trabalho (em 2,8 p.p.), porém ainda há aumento dos "nem-nem" (em 1,9 p.p.). Entre os mais velhos, somente o percentual dos que eram somente economicamente ativos cresce (em 3,5 p.p.), enquanto as demais categorias apresentam redução na participação.

Tabela 1
DISTRIBUIÇÃO DE JOVENS POR FAIXAS DE IDADE, SEGUNDO
SITUAÇÃO DE ESTUDO E ATIVIDADE — RMS, 2003-04 E 2010-11

2003-04

Idade:	Estuda e PEA	Não estuda e PEA	Estuda e Não PEA	Não estuda e Não PEA
17 a 18	25,6%	18,2%	44,0%	12,2%
19 a 20	23,4%	42,2%	18,6%	15,9%
21 a 22	20,5%	52,6%	10,6%	16,3%

2010-11

Idade:	Estuda e PEA	Não estuda e PEA	Estuda e Não PEA	Não estuda e Não PEA
17 a 18	19,9%	18,8%	46,8%	14,5%
19 a 20	19,2%	44,9%	18,1%	17,8%
21 a 22	18,1%	56,0%	10,4%	15,4%

Fonte: PME/IBGE. Elaboração própria.

Entre os jovens com o ensino fundamental incompleto há um percentual significativamente maior de "nem-nem" (de quase 24% em 2003-04), e que, além disso, é o que mais aumenta entre os dois períodos (em 2,6 p.p.). Nas outras duas faixas de escolaridade o percentual é significativamente menor (8,5% para jovens com o fundamental completo e 13,7% para aqueles com o médio completo em 2003-04), e seu crescimento é também menor até o final do período (pouco menos de 2 p.p. em ambas as categorias). Para observar melhor o movimento dos jovens entre as quatro categorias, analisaremos as transições entre as situações de trabalho da PME referente ao intervalo 2010-11.

Tabela 2
DISTRIBUIÇÃO DE JOVENS POR ESCOLARIDADE, SEGUNDO SITUAÇÃO DE ESTUDO E ATIVIDADE — RMS, 2003-04 E 2010-11

2003-04	Estuda e PEA	Não estuda e PEA	Estuda e Não PEA	Não estuda e Não PEA
Ensino fundamental incompleto	14,9%	39,5%	21,8%	23,9%
Ensino fundamental completo	33,1%	20,9%	37,5%	8,5%
Ensino médio completo	18,2%	54,4%	13,8%	13,7%

2010-11	Estuda e PEA	Não estuda e PEA	Estuda e Não PEA	Não estuda e Não PEA
Ensino fundamental incompleto	10,5%	37,2%	25,8%	26,6%
Ensino fundamental completo	23,9%	24,3%	41,6%	10,1%
Ensino médio completo	18,5%	51,7%	14,3%	15,5%

Fonte: PME/IBGE. Elaboração própria.

O gráfico 6 mostra as transições dos jovens entre a primeira e a quarta entrevistas da PME (intervalo de 3 meses), separadas por blocos definidos pelas situações iniciais; a tabela 3 mostra a matriz de transição com os percentuais em relação ao total de pessoas na situação inicial relevante. Após três meses, a maior parte dos jovens permanece nas situações iniciais (colunas mais altas). Anteriormente, no gráfico 2, vimos que a tendência de médio prazo é de redução dos economicamente ativos que estudam; o gráfico 6 nos mostra que as transições diretamente para a situação "nem-nem" são pouco importantes (somente 0,6% do total de transições). Note que na direção da situação "nem-nem" o fluxo mais importante é aquele dos que inicialmente estavam na PEA e já não estudavam (3,9% do total, ou 9,6% daquele grupo); entre aqueles que inicialmente só estudavam, há um percentual maior que transita para o mercado de trabalho do que para a situação "nem-nem" (total de 4,3%, ou 17,8% daquele grupo). Apesar de a maioria dos indivíduos que inicialmente estavam na situação "nem-nem" (últimas quatro colunas da direita) ter se mantido na mesma situação (9,5% do total, ou 61,7% daquele grupo), há um fluxo de saída importante, diretamente para o mercado de trabalho (de 4,2% do total de transições, ou 27,2% daquele grupo).

Gráfico 6
TRANSIÇÃO DA PRIMEIRA PARA A QUARTA
ENTREVISTA — RMS, 2010-11

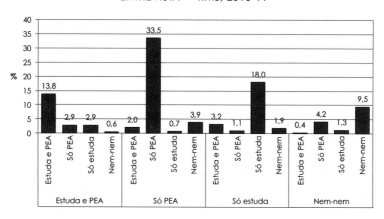

Fonte: PME/IBGE. Elaboração própria.

Tabela 3

MATRIZ DE TRANSIÇÕES DA PRIMEIRA PARA A
QUARTA ENTREVISTA — RMS, 2010-11

Situação Inicial	Situação Final			
	Estuda e PEA	Só PEA	Só estuda	Nem-nem
Estuda e PEA	68,4%	14,3%	14,2%	3,1%
Só PEA	5,1%	83,5%	1,8%	9,6%
Só estuda	13,4%	4,4%	74,5%	7,7%
Nem-nem	2,6%	27,2%	8,5%	61,7%

Fonte: PME/IBGE. Elaboração própria.

O gráfico 7 mostra a transição da quarta para a oitava entrevista, que ocorre após um intervalo de um ano. Com esse intervalo maior entre as situações, os fluxos de transição em geral apresentam percentuais menores de permanência na situação inicial. Entre os indivíduos inicialmente ativos e estudantes, o fluxo direto para a situação "nem-nem" é ainda pouco importante, embora o percentual tenha aumentado (1,3% do total, ou 6,3% daquele grupo); para aqueles jovens o principal fluxo de saída é de parar os estudos e se manter no mercado de trabalho. A partir da situação em que os indivíduos somente participavam da PEA, o fluxo para a situação "nem-nem" se mantém relevante (de 4,5% do total, ou 11,6% daquele grupo); no entanto, os jovens que somente estudavam na situação inicial apresentam baixa proporção de transições à situação "nem-nem". Entre os jovens que eram inicialmente "nem-nem" podemos observar que a maior parte muda de situação (57,6% daquele grupo) e o principal fluxo de saída é aquele de inserção no mercado de trabalho sem estudos, com um percentual quase igual àquele de permanência na situação "nem-nem" (6,1%, ou 41,8% daquele grupo). Esse resultado mostra que, apesar da proporção preocupante de jovens "nem-nem", após um ano o fluxo de saída para outras situações é grande e indica uma elevada rotatividade dessas situações e, talvez, pequenas durações.

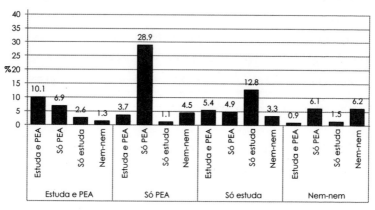

Gráfico 7
TRANSIÇÃO DA QUARTA PARA A OITAVA ENTREVISTA — RMS, 2010-11

Fonte: PME/IBGE. Elaboração própria.

Tabela 4
MATRIZ DE TRANSIÇÕES DA QUARTA PARA
A OITAVA ENTREVISTA — RMS, 2010-11

Situação Inicial	Estuda e PEA	Só PEA	Só estuda	Nem-nem
Estuda e PEA	48,2%	33,0%	12,5%	6,3%
Só PEA	9,6%	75,8%	2,9%	11,6%
Só estuda	20,4%	18,4%	48,6%	12,5%
Nem-nem	5,8%	41,8%	10,1%	42,4%

Situação Final

Fonte: PME/IBGE. Elaboração própria.

Na próxima seção analisaremos os resultados das decomposições das taxas de inatividade.

4. Decomposições

No gráfico 8 apresentamos em primeiro lugar a evolução da taxa de inatividade de estado estacionário de todos os jovens entre 2003 e 2011. Podemos observar que houve crescimento ao longo desse período, especialmente entre 2004 e 2010 (em que a variação chegou a 2 p.p.).

Gráfico 8
TAXA DE INATIVIDADE DE JOVENS — RMS, 2003-11

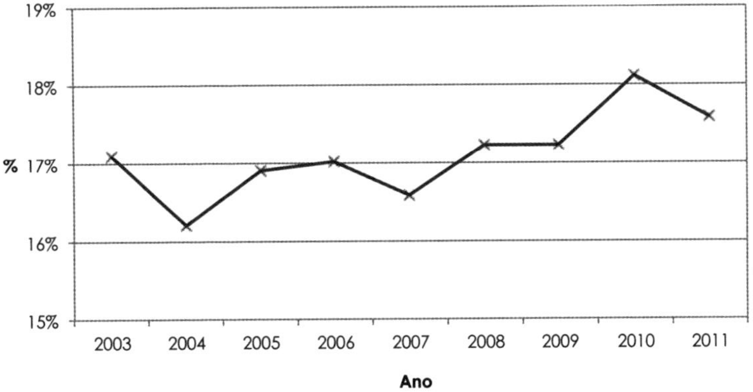

Fonte: PME/IBGE. Elaboração própria.

Podemos observar os resultados da decomposição nos gráficos seguintes. Entre 2003 e 2011 a taxa de entrada dos jovens na situação "nem-nem" é decrescente (gráfico 9); em contraste, a duração média dos jovens na mesma situação é crescente e aumenta em quase um mês entre 2004 e 2010 (gráfico 10). O que nos parece ser mais relevante, no entanto, é o fato de que a escala da duração média é relativamente pequena, variando de aproximadamente três a quatro meses. Para comparação, incluímos no gráfico as durações médias das demais situações de estudo e atividade, calculadas segundo a mesma metodologia. No gráfico 10 é possível observar que a duração média de qualquer uma das outras situações é maior do que a da situação "nem-nem"; em particular, a duração média entre os indivíduos que somente participam da PEA é de aproximadamente o dobro daquela dos "nem-nem".

Dessa forma, corroborando os resultados das matrizes de transição (acima), podemos observar que os períodos em que os jovens permanecem na situação "nem-nem" são em média relativamente curtos.

Gráfico 9
TAXA DE ENTRADA NEM-NEM, 2003-11

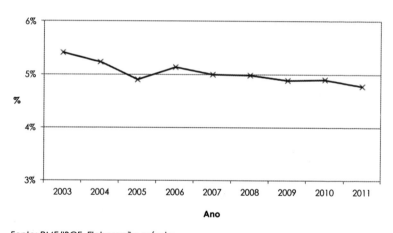

Fonte: PME/IBGE. Elaboração própria.

Gráfico 10
DURAÇÃO MÉDIA (MESES) DAS SITUAÇÕES DE
ESTUDO E ATIVIDADE — RMS, 2003-11

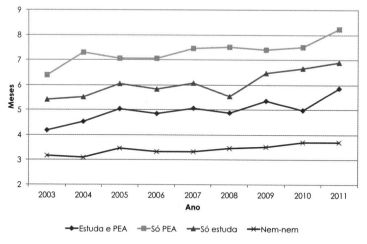

Fonte: PME/IBGE. Elaboração própria.

Nas seções seguintes calculamos as taxas de inatividade, de entrada e a duração média para grupos de sexo, idade e escolaridade entre os jovens de 17 a 22 anos.

Sexo

Como verificamos anteriormente, a taxa de inatividade entre as mulheres é bastante superior à dos homens (gráfico 11). Como notam Camarano e Kanso (2012), parece haver uma dinâmica diferenciada por sexo que gera essas taxas de inatividade, a qual pode estar relacionada à divisão de trabalho no interior do domicílio. Entre os homens, no entanto, há uma variação positiva entre 2003 e 2011, de 10,5% para 12,5%; entre as mulheres a taxa é relativamente estável.

Gráfico 11
TAXA DE INATIVIDADE POR SEXO — RMS, 2003-11

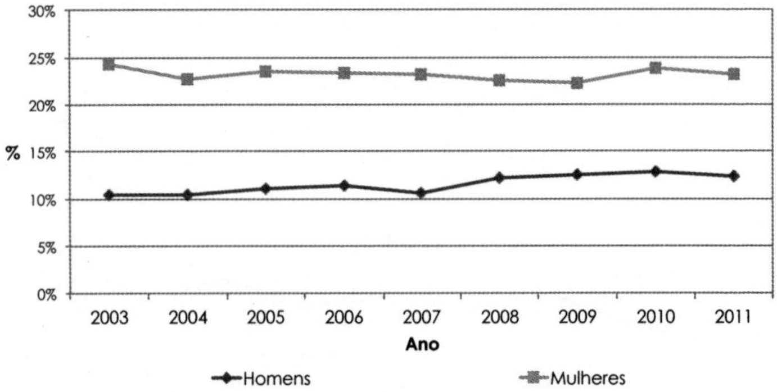

Fonte: PME/IBGE. Elaboração própria.

Tanto a taxa de entrada na situação "nem-nem" quanto a duração média na mesma situação são maiores entre as mulheres, como mostram os gráficos 12 e 13. Nesse grupo, apesar de a taxa ser estável ao longo do tempo, há uma redução da taxa de entrada que compensa um movimento de aumento da duração média. Entre os homens é o aumento da duração média (de 2,4 meses em 2004 para 3 meses em 2010) que parece explicar o aumento da taxa.

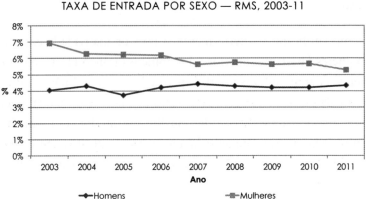

Gráfico 12
TAXA DE ENTRADA POR SEXO — RMS, 2003-11

Fonte: PME/IBGE. Elaboração própria.

Gráfico 13
DURAÇÃO MÉDIA (EM MESES), POR SEXO — RMS, 2003-11

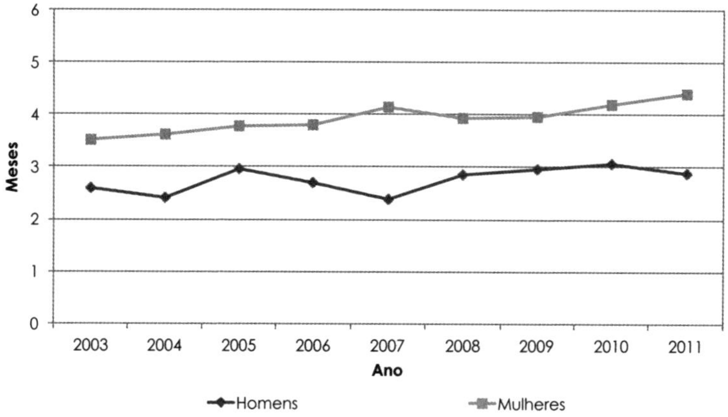

Fonte: PME/IBGE. Elaboração própria.

Idade

Os gráficos 14 e 15 mostram que as taxas de inatividade entre os jovens com idade entre 17 e 18 anos são menores do que nas demais faixas etárias, porém apresentam crescimento mais acentuado entre 2003 e 2010 (de 14,8% para 17,6%). As outras duas faixas de idade apresentam taxas muito próximas até 2007; após esse ano, aqueles entre 19 e 20 anos apresentam percentuais ligeiramente maiores.

Gráfico 14
TAXA DE INATIVIDADE POR FAIXAS ETÁRIAS — RMS, 2003-11

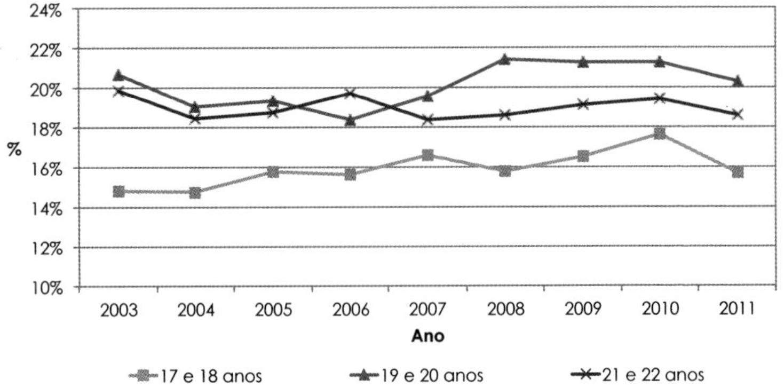

Fonte: PME/IBGE. Elaboração própria.

A decomposição permite observar que o fator que faz mais diferença entre as faixas de idade de 19 a 20 anos e de 21 a 22 anos é a taxa de entrada, uma vez que as durações médias são muito próximas, como mostra o gráfico 15. Essa diferenciação só ocorre em 2009, quando a taxa de entrada daqueles com 19 a 20 anos aumenta. Os mais jovens, com 17 a 18 anos, apresentam tanto taxas de entrada quanto durações médias menores.

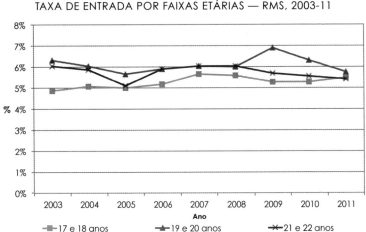

Gráfico 15
TAXA DE ENTRADA POR FAIXAS ETÁRIAS — RMS, 2003-11

Fonte: PME/IBGE. Elaboração própria.

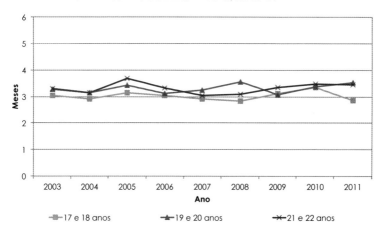

Gráfico 16
DURAÇÃO MÉDIA (EM MESES) POR
FAIXAS ETÁRIAS — RMS, 2003-11

Fonte: PME/IBGE. Elaboração própria.

Escolaridade

Por fim, a desagregação por escolaridade nos mostra que os menos escolarizados apresentaram uma taxa de inatividade muito maior do que aquela de formados no ensino fundamental ou médio, como mostra o gráfico 17. Essa taxa foi crescente entre 2004 e 2010, com decréscimo somente em 2008. A taxa entre os jovens com o ensino médio completo é maior do que aquela dos formados no ensino fundamental, provavelmente devido à obrigatoriedade da presença na escola.

Gráfico 17
TAXA DE INATIVIDADE POR GRAU DE ESCOLARIDADE — RMS, 2003-11

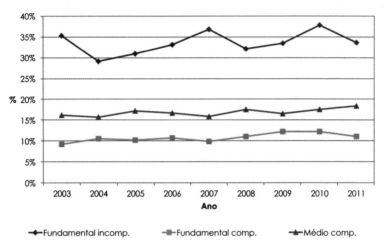

Fonte: PME/IBGE. Elaboração própria.

Tanto a taxa de entrada quanto a duração média entre aqueles com o fundamental incompleto são significativamente maiores do que aquelas dos demais graus de escolaridade, como mostram os gráficos 18 e 19. De 2005 a 2008, a taxa de entrada dos jovens com fundamental incompleto aumenta e é o fator que explica o crescimento da taxa de inatividade; de 2008 a 2011 há um grande aumento da duração média (de 4 meses para cerca de 6,5 meses), que faz com que a taxa apresente novo crescimento. As durações médias parecem explicar a diferença entre os jovens com o fundamental completo e o médio completo.

Gráfico 18
TAXA DE ENTRADA POR GRAU DE ESCOLARIDADE — RMS, 2003-11

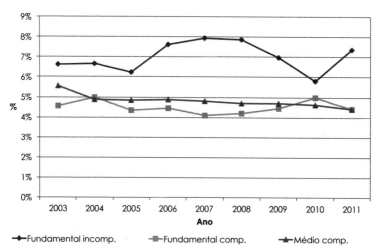

Fonte: PME/IBGE. Elaboração própria.

Gráfico 19
DURAÇÃO MÉDIA (EM MESES) POR GRAU DE ESCOLARIDADE — RMS, 2003-11

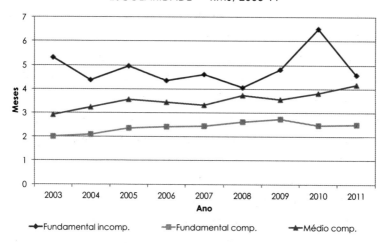

Fonte: PME/IBGE. Elaboração própria.

5. Conclusão

Neste estudo, examinamos a situação dos jovens "nem-nem", devido à manutenção de sua proporção na população mesmo em um período de queda acentuada da taxa de desemprego. Esse grupo é especialmente relevante, porque pode estar sujeito a situações de vulnerabilidade e, além disso, pode significar perdas de produtividade no mercado de trabalho no futuro. Trabalhamos com quatro situações de estudos e mercado de trabalho: o cruzamento entre as variáveis de situação de estudos (estuda ou não estuda) e de atividade econômica (participa ou não na PEA).

Entre 2003-04 e 2010-11 observamos uma tendência geral, e que se repete em todas as desagregações, de redução da proporção de jovens economicamente ativos e que estudavam (em 4 p.p.). Os percentuais das demais situações tiveram aumento, em particular aquele dos "nem-nem", de 1 p.p.

Em primeiro lugar, os resultados das transições fornecem indícios de grande rotatividade dos jovens "nem-nem" com o mercado de trabalho. Inicialmente observamos que os principais fluxos em direção à situação dos "nem-nem" foram a partir dos que somente participavam da PEA, seguidos daquele dos que somente estudavam. Além disso, no prazo de um ano, o percentual de saída da situação "nem-nem" é maior do que o estoque daqueles que permanecem na mesma situação; o principal fluxo de saída se faz com a entrada no mercado de trabalho, sem os estudos.

Realizamos decomposições das mudanças nas taxas de inatividade que indicam que o aumento da duração é o fator que explica o crescimento das taxas, tanto para o total como para os jovens do sexo masculino. No entanto, nossos resultados mostram que as durações médias da situação "nem-nem" são relativamente curtas em comparação com as demais situações, reiterando os indícios de alta rotatividade dos jovens nessa situação.

Durações curtas e interação com o mercado de trabalho representam um resultado positivo a partir de uma situação que poderia ser de exclusão. As desagregações nos mostraram resultados que, no entanto, chamam atenção para alguns grupos específicos. As mulheres têm taxas de inatividade significativamente maiores do que a dos homens (maiores que o dobro até 2007), com taxas de entrada e duração média também muito superiores, o que pode estar ligado à dedicação ao trabalho no interior do domicílio (como sugerem Camarano e Kanso, 2012).

Na desagregação por idade, apesar de os mais jovens (com idade entre 17 e 18 anos) apresentarem as menores taxas de inatividade, essa faixa de idade apresenta o maior crescimento da proporção dos "nem-nem" até 2010.

Quando consideramos a escolaridade, a taxa de inatividade é significativamente maior entre os menos escolarizados (com ensino fundamental incompleto) e o crescimento da proporção de indivíduos "nem-nem" é também mais acentuado nesse grupo. Chamam a atenção as elevadas taxas de entrada e durações médias da situação "nem-nem" dos indivíduos com ensino fundamental incompleto, consistentemente maiores do que aquelas dos mais escolarizados. Os jovens com 17 a 22 anos que não completaram o ensino fundamental estão com um atraso escolar de no mínimo dois anos, abandonaram os estudos de forma crescente e aqueles que o fizeram permanecem em média mais tempo fora do mercado de trabalho. Nesse sentido, o atraso no sistema educacional pode ter relação com o fluxo de jovens para a situação "nem-nem", que passa a constituir um grupo em condições de competição no mercado de trabalho muito desfavoráveis. É preciso, portanto, investigar com maior detalhe os determinantes dessa situação.

Referências

FLORI, P. M. Desemprego de jovens no Brasil. *Revista da Abet*, Paraíba, v. 5, n. 1, p. 29-60, 2005.

CAMARANO, A. A.; KANSO, S. O Que Estão Fazendo os Jovens Que Não Estudam, Não Trabalham e Não Procuram Trabalho? *Boletim de Mercado de Trabalho* — Conjuntura e Análise, Rio de Janeiro, n. 53, nov. 2012 (Nota Técnica).

LAYARD, R. et al. *Unemployment*: macroeconomic performance and the labour market. Oxford: Oxford University Press, 1991.

PARTE 2

ASPECTOS
ESTRUTURAIS E
INSTITUCIONAIS

CAPÍTULO 6

A QUEDA DA INFORMALIDADE NO BRASIL ENTRE 2002 E 2012

Rodrigo Leandro de Moura
Fernando de Holanda Barbosa Filho[*]

1. Introdução

Entre 2002 e 2012 observou-se no país uma queda abrupta da taxa de desemprego e da taxa de informalidade. A primeira caiu de 9,1% para 6,2%, enquanto a segunda caiu de 43,6% para 32,5% no período analisado, ambas em médias anuais (gráfico 1), segundo dados da Pnad. A queda da taxa de desemprego se deveu à forte geração de emprego (Barbosa Filho e Pessôa, 2011), fruto do crescimento econômico e da mudança na composição dos setores que o país experimentou com esse crescimento. Nesse processo, a geração de emprego formal foi importante para a queda do desemprego. No entanto, observa-se pelo gráfico 1 que a taxa de informalidade continuou a cair mesmo durante a crise de 2009, enquanto a taxa de desemprego interrompe sua queda no ano de 2009 e volta à tendência de queda no ano seguinte, 2010.

---

[*] Pesquisadores do FGV/IBRE, Rio de Janeiro.

Gráfico 1
EVOLUÇÃO DA TAXA DE DESEMPREGO (EIXO ESQ.)
E DE INFORMALIDADE (EIXO DIR.)

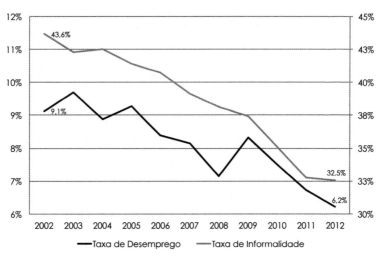

Fonte: Pnad/IBGE. Elaboração dos autores.

Neste capítulo realizamos uma análise segundo características da oferta de trabalho, baseada no estudo de Barbosa Filho e Moura (2013). Neste estudo define-se a informalidade como a fração de empregados sem carteira de trabalho assinada em relação ao total de assalariados (sem carteira mais com carteira). Diferentemente de diversos trabalhos, aqui não consideramos trabalhadores conta própria como informais, uma vez que trabalhadores conta própria não são necessariamente ilegais, ainda mais após a criação do Microempreendedor Individual (MEI).[1]

---

[1] O Microempreendedor Individual (MEI) foi criado pela Lei Complementar nº 128, de 19 de dezembro de 2008. O MEI é uma pessoa que trabalha por conta própria, que pode ter um empregado contratado que receba o salário mínimo ou o piso da categoria e que pode se legalizar como pequeno empresário.

Assim, o capítulo visa responder três questões principais:

1. O que foi mais importante para a queda da informalidade: formalização dos diferentes grupos de trabalhadores/setores ou mudança da composição dos assalariados no mercado de trabalho?
2. Quais os principais canais pelos quais ocorreu a formalização?
3. Quais as perspectivas para a evolução da taxa de informalidade?

O capítulo está organizado em cinco seções, além desta introdução. A seção 2 apresenta as fontes dos dados e a metodologia utilizada. A seção 3 apresenta os resultados obtidos para a decomposição da variação da taxa de informalidade. A seção 4 apresenta os resultados de uma matriz de transição entre empregos formais, informais, desemprego e fora da força de trabalho. Por fim, a quinta seção conclui e apresenta perspectivas para a evolução da taxa de informalidade.

2. Dados e metodologia

Este trabalho utiliza dados de frequência anual e mensal, ambos do IBGE. Os dados de frequência anual são da Pesquisa Nacional por Amostra de Domicílios (Pnad) e abrangem o período entre 2002 e 2012. Os dados de frequência mensal são da Pesquisa Mensal de Empregos (PME) no período de 2003 a 2012. Os (micro)dados foram trabalhados levando-se em consideração o peso amostral de cada uma das observações.

A decomposição da informalidade foi realizada com diferentes recortes da amostra: gênero, cor/raça, anos de escolaridade, faixa etária, experiência, ciclos escolares e capital humano. A característica faixa etária foi dividida em períodos de cinco em cinco anos começando por indivíduos menores de 15 anos, entre 15 e 19 anos, e assim por diante até indivíduos com idade superior a 64 anos. A variável experiência foi definida como "idade menos escolaridade menos cinco" e a divisão foi realizada em períodos de cinco em cinco anos, iniciando-se por indivíduos com menos de cinco anos de experiência, entre cinco e nove anos de experiência, e assim por diante, até indivíduos com mais de 30 anos de experiência. A variável de ciclos escolares foi dividida da seguinte forma: até 4º ano do ensino fundamental, do 5º ano até ensino fundamental incompleto, ensino fundamental completo até ensino médio incompleto, ensino médio completo até ensino superior incompleto e ensino superior completo. Por fim, definiu-se uma variável de capital humano, que é a interação entre ciclos escolares e experiência, com cinco diferentes níveis de escolaridade e sete diferentes níveis de experiência, totalizando 35 tipos distintos de capital humano.

2.1 Metodologia 1

Com base nos dados da Pnad, realizamos uma decomposição da queda da taxa de informalidade em dois componentes, conforme Barbosa Filho e Pessôa (2011) e Barbosa Filho e Moura (2013):

1. Efeito Nível: relacionado à queda da taxa de informalidade dentro dos grupos de trabalhadores.

Por exemplo, a taxa de informalidade da economia caiu porque a taxa de informalidade dos trabalhadores com diferentes níveis escolares caiu. Assim, o efeito nível mede a contribuição da redução (ou aumento) do grau de informalidade de um determinado grupo sobre a taxa de informalidade agregada.[2]

2. Efeito Composição: relacionado à queda da informalidade em virtude da mudança da composição dos trabalhadores no mercado de trabalho.

Por exemplo, a taxa de informalidade da economia caiu porque cresceu o grupo de trabalhadores mais escolarizados, que tipicamente apresentam menor taxa de informalidade. Assim, o efeito composição mede a contribuição do aumento (ou redução) da participação de um grupo de trabalhadores no mercado de trabalho sobre a taxa de informalidade agregada.[3]

Assim, coloca-se uma questão importante: qual efeito prepondera em cada grupo: efeito nível ou composição? Essa pergunta é similar à primeira questão colocada na seção da Introdução.

2.2 Metodologia 2

Com base nos dados da PME, calculamos a probabilidade de os indivíduos transitarem entre condições de atividade/ocupação distintas ao longo dos meses de um determinado ano. Consideramos as seguintes categorias:

1. informal,
2. formal,
3. desempregado e
4. fora da PEA.

---

[2] Mantida fixa a participação relativa média entre os dois períodos considerados.
[3] Mantida fixa a taxa de informalidade média do grupo.

Por exemplo, calculamos a seguinte probabilidade:

Probabilidade de transitar da informalidade para a formalidade ao longo de 2012=Probabilidade (Ser Formal em dez./12|Era Informal em jan./12)

Esse cálculo é feito para todas as combinações possíveis das categorias e será representado em uma forma de matriz na seção 4. Assim, essa matriz permite analisar para quais condições de atividade/ocupação os indivíduos estão migrando com mais intensidade. Logo, essa metodologia busca responder a segunda pergunta colocada na seção de Introdução: quais os principais canais pelos quais ocorreu a formalização? Será que há um fluxo alto de trabalhadores da informalidade para formalidade? Ou do desemprego para a formalidade? Mais do que isso: esse fluxo tem se intensificado ao longo dos anos?

3. Formalização dos diferentes grupos de trabalhadores ou mudança na composição dos assalariados no mercado de trabalho?

Esta seção apresenta a decomposição da queda da taxa de informalidade entre 2002 e 2012 para diversas características socioeconômicas e por setor. Comecemos pelas diferenças por gêneros.

3.1 Mulheres e negros apresentam avanço, mas diferencial do grau de informalidade em relação a homens e brancos permanece

A tabela 1 mostra a decomposição da variação da taxa de informalidade por gênero. O efeito total, de -11,1 pontos percentuais (p.p.), indica a queda da taxa de informalidade da economia, que passou de 43,6% para 32,5% entre 2002 e 2012 (gráfico 1). Percebe-se que o efeito nível explica totalmente essa queda. Ou seja, a contribuição negativa do efeito nível significa que houve uma queda da taxa de informalidade para homens e mulheres entre 2002 e 2012 e que esse efeito é o predominante para a redução do grau de informalidade agregada no período. Os homens tiveram uma contribuição (-6,6 p.p.) maior do que a das mulheres (-4,4 p.p). Isso ocorreu por dois fatores: (i) os homens apresentam uma participação maior no total dos assalariados (57,6%) e (ii) a queda da taxa de informalidade dos homens foi um pouco maior (11,5 p.p.) do que a das mulheres (10,8 p.p.). Por sua vez, o efeito composição é levemente positivo, o que significa que houve um aumento da participação das mulheres (na força de trabalho ou no emprego?) no período, o que contribuiria para uma elevação da taxa de informalidade agregada em 0,1 p.p., caso o efeito nível fosse nulo — ou seja, na hipótese de que a taxa de informalidade de cada grupo tivesse permanecido constante. Essa elevação ocorreria porque a taxa de informalidade das mulheres (36,5%) é mais elevada do que a dos homens (29,5%).

Tabela 1
DECOMPOSIÇÃO DA VARIAÇÃO DA TAXA DE INFORMALIDADE POR GÊNERO: 2002-12 (EM P.P.)

	Gênero		
	Efeito Nível	Efeito Composição	Efeito Total
Total	-11,2	0,1	-11,1
Masculino	-6,6	-0,7	-7,3
Feminino	-4,6	0,8	-3,8

Fonte: Pnad/IBGE e Barbosa Filho e Moura (2013). Elaboração dos autores.

A tabela 2 apresenta o mesmo exercício da tabela 1, mas com relação à raça. O efeito nível continua sendo o fator que explica a queda da informalidade, com destaque para os pardos, que, além de terem uma participação média alta entre os ocupados (42,7%), apresentaram a maior redução de informalidade (5,8 p.p.). O efeito nível é ainda mais importante nesta análise devido à elevada participação dos grupos de cor negra e parda no total de assalariados. A maior taxa de informalidade nesses grupos — associada ao seu crescimento no total de ocupados — cria um efeito composição positivo; e que chegaria a elevar a informalidade em até 0,9 p.p. caso não tivesse ocorrido uma queda no nível da informalidade.

Tabela 2

DECOMPOSIÇÃO DA VARIAÇÃO DA TAXA DE INFORMALIDADE POR COR/RAÇA: 2002-12 (EM P.P.)

Cor/Raça	Efeito Nível	Efeito Composição	Efeito Total
Total	-12,0	0,9	-11,1
indígena	0,0	0,0	0,0
branca	-5,1	-2,3	-7,5
preta	-1,0	1,1	0,1
amarela	0,0	0,0	0,0
parda	-5,8	2,0	-3,7

Fonte: Pnad/IBGE e Barbosa Filho e Moura (2013). Elaboração dos autores.

Vale destacar que o acesso a empregos formais por parte das mulheres e negros melhorou, mas ainda persiste um diferencial no grau de informalidade das relações trabalhistas em relação aos homens e não negros, respectivamente. Segundo os gráficos 2 e 3, nota-se que esse diferencial se manteve em torno de 7 p.p. no comparativo mulheres-homens e de mais de 10 p.p. no comparativo brancos-negros (pardos e pretos).

Gráfico 2
EVOLUÇÃO DAS TAXAS DE INFORMALIDADE — GÊNERO

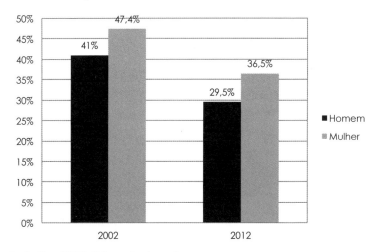

Fonte: Pnad/IBGE. Elaboração dos autores.

Gráfico 3
EVOLUÇÃO DAS TAXAS DE INFORMALIDADE — COR

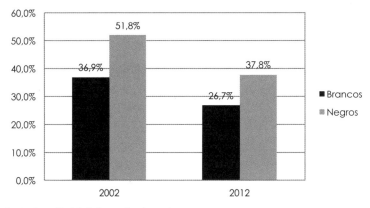

Fonte: Pnad/IBGE. Elaboração dos autores.

3.2 A transição demográfica ainda afeta pouco a taxa de informalidade

A tabela 3 realiza a decomposição por faixa etária. Em relação ao efeito nível, destaca-se a alta contribuição dos jovens de 15 a 24 anos e adultos de 25 a 34 anos para a queda da informalidade. Isso se deveu ao fato de esses dois grupos apresentarem a maior redução da taxa de informalidade (de quase 14 p.p. e 11 p.p. para cada grupo, respectivamente, entre 2002 e 2012) e apresentarem ainda uma alta participação no mercado de trabalho.

Os resultados do efeito composição mostram que a redução na participação de pessoas jovens (15 a 19 anos) no total de assalariados contribuiu com parte da queda da informalidade (efeito composição), visto que tal grupo apresenta uma informalidade elevada. Essa redução na participação dos jovens é fruto da sua permanência nas escolas por mais tempo, o que tende a melhorar sua inserção no mercado de trabalho (Barbosa Filho e Pessôa, 2011) e reduz a chance de serem trabalhadores sem carteira. Outro determinante do efeito composição deriva da transição demográfica, com queda gradual da participação dos jovens no total da população. Uma questão que naturalmente se coloca é: será que esse efeito composição ganhará importância no futuro?

Tabela 3
DECOMPOSIÇÃO DA VARIAÇÃO DA TAXA DE INFORMALIDADE
POR FAIXA ETÁRIA: 2002-12 (EM P.P.)

	Faixa Etária		
	Efeito Nível	Efeito Composição	Efeito Total
Total	-10,2	-0,9	-11,1
<15	0,0	-0,6	-0,6
15-19	-1,2	-1,6	-2,8
20-24	-2,3	-1,3	-3,6

continua

Faixa Etária	Efeito Nível	Efeito Composição	Efeito Total
25-29	-1,8	-0,1	-1,9
30-34	-1,5	0,3	-1,2
35-39	-0,8	0,0	-0,9
40-44	-0,8	0,2	-0,6
45-49	-0,6	0,5	-0,1
50-54	-0,5	0,7	0,2
55-59	-0,4	0,6	0,2
60-64	-0,2	0,2	0,0
>=65	-0,1	0,1	0,0

Fonte: Pnad/IBGE e Barbosa Filho e Moura (2013). Elaboração dos autores.

O gráfico 4 mostra uma possível resposta para essa questão. A taxa mínima de informalidade ocorria entre 35 e 39 anos (35,8%) em 2002, mas, após 10 anos, a taxa mínima passou a ocorrer aos 30 e 34 anos (25,7%) seguida pela taxa dos 25 a 29 anos (26,9%). Ou seja, houve um rejuvenescimento dos formais, com as menores taxas de informalidade ocorrendo entre os 25 e 34 anos. Mesmo os jovens de 20 a 24 anos já apresentam um grau de informalidade similar ao dos adultos de 40 a 44 anos. Esse processo pode ser devido ao fato de essa coorte já ser mais educada do que as coortes mais velhas.

Além disso, a melhora do crescimento econômico que afetou positivamente a formalização das relações trabalhistas deve ter beneficiado proporcionalmente mais os jovens. Assim, se as taxas de informalidade por faixas etárias mantiverem esse padrão — da geração mais nova se beneficiando mais do processo de formalização —, é provável que o efeito de envelhecimento populacional não seja um fator-chave para a contínua queda da informalidade da economia.

Gráfico 4
EVOLUÇÃO DAS TAXAS DE INFORMALIDADE — FAIXA ETÁRIA

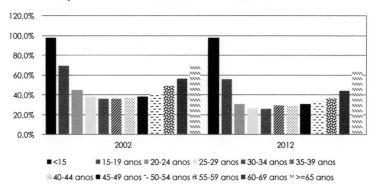

Fonte: Pnad/IBGE. Elaboração dos autores.

Consideramos também o corte por experiência potencial do trabalho (idade — anos de estudo — 6), para averiguar se os resultados se mantêm. A tabela 4 mostra que o efeito composição não é importante para explicar a queda do grau de informalidade. Por sua vez, o efeito nível mostra que os mais beneficiados com a queda da informalidade foram os assalariados de menor experiência (até 14 anos de experiência). A queda da taxa de informalidade desses grupos explica mais de 60% da queda da informalidade total.

Tabela 4
DECOMPOSIÇÃO DA VARIAÇÃO DA TAXA DE INFORMALIDADE POR ANOS DE EXPERIÊNCIA: 2002-12 (EM P.P.)

	Anos de Experiência = Idade — Anos de Estudo — 6		
	Efeito Nível	Efeito Composição	Efeito Total
Total	-11,2	0,2	-11,1
< 5 anos	-2,6	-0,3	-2,9
5 a 9 anos	-2,3	0,1	-2,2
10 a 14 anos	-1,8	-0,1	-1,9
15 a 19 anos	-1,1	-0,5	-1,5

continua

Anos de Experiência = Idade — Anos de Estudo — 6			
	Efeito Nível	Efeito Composição	Efeito Total
20 a 24 anos	-0,9	-0,2	-1,1
25 a 29 anos	-0,8	0,2	-0,6
>= 30 anos	-1,7	0,8	-0,9

Fonte: Pnad/IBGE e Barbosa Filho e Moura (2013). Elaboração dos autores.

O gráfico 5 reforça as conclusões apresentadas no gráfico anterior. Observa-se que, em 2002, a menor taxa de informalidade ocorria para os trabalhadores entre 15 e 19 anos de experiência. Em 2012, a menor taxa de informalidade passou a ocorrer entre os trabalhadores que têm 10 a 14 anos de experiência e a segunda menor para aqueles de 5 a 9 anos. Os resultados do gráfico anterior indicam que os jovens foram os mais beneficiados e, por serem pouco experientes, contribuíram para a maior queda da informalidade entre os menos experientes. Assim, envelhecimento e aumento da experiência dos trabalhadores não são, de forma isolada, determinantes-chave para a queda futura da informalidade. Nesse sentido, analisa-se a seguir a interação desses fatores com a melhora educacional.

Gráfico 5
EVOLUÇÃO DAS TAXAS DE INFORMALIDADE — ANOS DE EXPERIÊNCIA

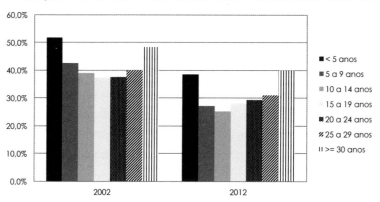

Fonte: Pnad/IBGE. Elaboração dos autores.

3.3 A aceleração educacional é um fator importante para a forte queda da informalidade

O gráfico 6 mostra um resultado importante: a taxa de informalidade é decrescente com o nível de escolaridade. Além disso, apesar da queda da taxa de informalidade para todos os grupos escolares, o nível ainda é muito elevado para os menos escolarizados. Assim, será que o processo de aceleração educacional por que o país passou no período recente, via queda da participação dos trabalhadores menos escolarizados, contribuiu para a queda da taxa de informalidade da economia?

Gráfico 6
EVOLUÇÃO DAS TAXAS DE INFORMALIDADE — CICLOS ESCOLARES

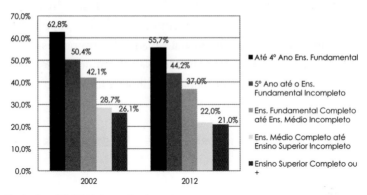

Fonte: Pnad/IBGE. Elaboração dos autores.

A tabela 5 procura responder a essa questão ao apresentar os resultados da decomposição da taxa de informalidade por ciclos escolares. O efeito nível explica a maior parte da queda da informalidade (55%), como mostra o seu sinal negativo. Os trabalhadores com ensino médio completo apresentaram uma queda de 6,7 p.p. da sua taxa de informalidade (de 28,7% para 22%, segundo o gráfico 6) e, aliado a uma participação elevada entre os ocupados (33,7%), contribuíram com 2,3 p.p. dos 6,2 p.p. do efeito nível entre 2002 e 2012. No entanto, o efeito composição também foi importante, explicando mais de 45% da queda da informalidade entre 2002 e 2012. Isso ocorreu devido a uma redução da participação dos menos escolarizados, que apresentam maior nível de informalidade, principalmente aqueles com até ensino fundamental incompleto.

Esse resultado é de suma importância, pois mostra que parte significativa da redução da taxa de informalidade no país possui um aspecto permanente. Isso ocorre porque trabalhadores com mais anos de educação formal apresentam uma menor taxa de informalidade no mercado de trabalho nacional.

Tabela 5
DECOMPOSIÇÃO DA VARIAÇÃO DA TAXA DE INFORMALIDADE POR CICLOS ESCOLARES: 2002-12 (EM P.P.)

Ciclos Escolares	Efeito Nível	Efeito Composição	Efeito Total
Total	-6,2	-4,9	-11,1
Até 4º ano do E. Fundamental	-1,1	-5,0	-6,0
5º ano até o E. Fundamental Incompleto	-1,5	-4,4	-5,9
E. Fundamental Completo até o E. Médio Incompleto	-0,9	0,2	-0,8
E. Médio Completo até o E. Superior Incompleto	-2,3	3,5	1,2
E. Superior Completo ou +	-0,5	0,8	0,4

Fonte: Pnad/IBGE e Barbosa Filho e Moura (2013). Elaboração dos autores.

Realizou-se também uma análise pela variável de capital humano, que reforça os resultados obtidos na análise por ciclos escolares e contribui para a explicação dos resultados por experiência e faixa etária. Essa variável capital humano é fruto da relação entre ciclos escolares e experiência no mercado de trabalho, conforme Barbosa Filho, Pessôa e Veloso (2010).

Os resultados da tabela 6 mostram a decomposição da queda da informalidade por capital humano (variável computada através da interação entre ciclos escolares e experiência). O efeito composição chega a explicar mais de 55% da redução da taxa de informalidade entre 2002 e 2012. Tal efeito decorre de dois motivos. Primeiro, nota-se que os trabalhadores muito pouco escolarizados (com até o 4º ano do ensino fundamental) estão desaparecendo, para todos os níveis de experiência. Segundo, os jovens estão se educando mais e, com isso, há uma troca no mercado de trabalho de empregados pouco escolarizados (com até o ensino fundamental incompleto) e com pouca experiência (até 19 anos) por empregados mais escolarizados (ciclo do ensino médio completo), mas ainda pouco experientes (até 19 anos).

Tabela 6
DECOMPOSIÇÃO DA VARIAÇÃO DA TAXA DE INFORMALIDADE POR CAPITAL HUMANO = CICLO ESCOLAR X EXPERIÊNCIA: 2002-12 (EM P.P.)

	Capital Humano = Ciclo Escolar x Experiência		
	Efeito Nível	Efeito Composição	Efeito Total
Total	-4,8	-6,3	-11,1
Até 4º ano do E. Fundamental			
Até 9 anos de experiência	0,0	-0,8	-0,9
10 anos a 19 anos de experiência	-0,2	-1,8	-2,0
20 anos a 29 anos de experiência	-0,2	-1,2	-1,4
30 anos ou mais de experiência	-0,4	-1,4	-1,8
5º ano até o E. Fundamental Incompleto			
Até 9 anos de experiência	-0,3	-2,6	-2,9

continua

Capital Humano = Ciclo Escolar x Experiência			
	Efeito Nível	Efeito Composição	Efeito Total
10 anos a 19 anos de experiência	-0,1	-2,0	-2,0
20 anos a 29 anos de experiência	-0,2	-0,7	-0,9
30 anos ou mais de experiência	-0,2	0,1	-0,1
E. Fundamental Completo até o E. Médio Incompleto			
Até 9 anos de experiência	-0,5	-0,6	-1,0
10 anos a 19 anos de experiência	-0,1	-0,1	-0,2
20 anos a 29 anos de experiência	-0,1	0,1	0,0
30 anos ou mais de experiência	-0,1	0,5	0,4
E. Médio Completo até o E. Superior Incompleto			
Até 9 anos de experiência	-1,3	1,0	-0,3
10 anos a 19 anos de experiência	-0,4	1,0	0,6
20 anos a 29 anos de experiência	-0,2	0,7	0,5
30 anos ou mais de experiência	-0,1	0,6	0,5
E. Superior Completo ou +			
Até 9 anos de experiência	-0,3	0,4	0,1
10 anos a 19 anos de experiência	0,0	0,2	0,1
20 anos a 29 anos de experiência	0,0	0,1	0,1
30 anos ou mais de experiência	-0,1	0,2	0,1

Fonte: Pnad/IBGE e Barbosa Filho e Moura (2013). Elaboração dos autores.

Assim, o fator educação do capital humano ainda é o preponderante na explicação do efeito composição. Mas o processo de transição demográfica em curso (e, consequentemente, o aumento da experiência da força de trabalho) tende a ganhar maior peso e contribuir para a queda futura da informalidade? O que os resultados mostram é que o aumento da participação de trabalhadores mais velhos e experientes, por si só, tende a afetar pouco a taxa de informalidade da economia. Isso porque trabalhadores mais experientes e com ensino médio completo apresentam taxas de informalidade similares às de trabalhadores com a mesma escolaridade e menos experiência. Ou seja, como afirmado, a melhora da educação é mais relevante nesse contexto, visto que trabalhadores mais escolarizados se deparam com um grau de informalidade bem menor.

3.4 Queda da informalidade foi generalizada para todos os setores de atividade

O gráfico 7 mostra que a taxa de informalidade caiu para os principais setores de atividade econômica. Ou seja, quase todos os setores apresentaram uma redução em torno de 10 p.p., com exceção do setor de construção, cuja queda foi de quase 17 p.p. Nota-se também que o setor agropecuário, apesar da queda de 70% para 60%, ainda apresenta um nível elevado e, consequentemente, há espaço para um crescimento das relações formais de trabalho.

Gráfico 7
EVOLUÇÃO DAS TAXAS DE INFORMALIDADE — SETORES

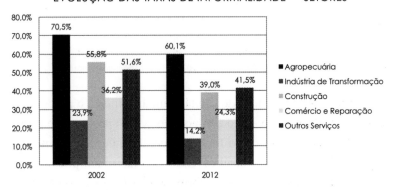

Fonte: Pnad/IBGE. Elaboração dos autores.

A tabela 7 realiza a decomposição por setor de atividade econômica, para averiguar que setores contribuíram mais para a queda da informalidade. O efeito composição negativo, que agora possui importância relativa mais baixa, mostra que os setores com maior taxa de informalidade perderam participação na economia, em termos de empregados assalariados. O setor agropecuário foi o que mais contribuiu, principalmente devido à queda da taxa de participação do mercado de trabalho no meio rural e do avanço tecnológico (que vem substituindo trabalho por capital nesse setor) (Moura e Rocha, 2013).

O efeito nível, por sua vez, corrobora os resultados do gráfico anterior, ou seja, de que houve uma queda na taxa de informalidade dos principais setores, destacando-se, entre eles: agropecuária, indústria de transformação, construção, comércio e outros serviços.

Tabela 7
DECOMPOSIÇÃO DA VARIAÇÃO DA TAXA DE INFORMALIDADE
POR SETOR DE ATIVIDADE ECONÔMICA: 2002-12 (EM P.P.)

Setor de Atividade Econômica	Efeito Nível	Efeito Composição	Efeito Total
Total	-10,1	-1,0	-11,1
Agropecuária	-0,9	-2,0	-2,9
Indústria Extrativa Mineral	-0,1	0,0	-0,1
Indústria de Transformação	-1,7	-0,2	-1,9
Indústria de Serviços de Utilidade Pública	0,0	0,0	0,0
Construção	-1,2	0,6	-0,5
Comércio e Reparação	-2,1	0,6	-1,5
Intermediação Financeira	-0,1	0,0	-0,1
Transportes e Comunicações	-0,5	0,2	-0,3
Alojamento e Alimentação	-0,4	0,5	0,1
Administração Pública	0,2	-0,1	0,0
Outros Serviços	-3,3	-0,6	-3,9

Fonte: Pnad/IBGE e Barbosa Filho e Moura (2013). Elaboração dos autores.

4. Matriz de transição

Esta seção mostra o resultado da matriz de transição, que permite analisar para que condições de ocupação (informal, formal, desempregado ou fora da PEA) os indivíduos estão migrando com mais intensidade no período 2003-12.

Segundo a tabela 8, observa-se que, do total de informais (primeira linha) em janeiro de 2003, 72,1% se mantiveram nessa condição ao longo daquele ano. Outros 14,7% se tornaram formais, 4,4% ficaram desempregados e 8,7% saíram da PEA. Por sua vez, do total de formais (segunda linha), em 2003, 5,1% se tornaram informais, 91,6% permaneceram formais, 1,1% ficou desempregado e 2,3% saíram da PEA.

Em 2012, temos uma mudança desse padrão com uma maior formalização de trabalhadores informais de 1,1 p.p. (de 14,7% para 15,8%) e redução da saída de trabalhadores formais para a informalidade de 1,7 p.p. (de 5,1% para 3,4%). Ao mesmo tempo, reforçou-se a manutenção de trabalhadores formais nos postos de trabalho em 1,6 p.p. (de 91,6% para 93,2%) e a probabilidade de os trabalhadores informais continuarem informais manteve-se constante. Mais importante foi a elevação da migração de pessoas desempregadas para empregos formais em 6,9 p.p. (de 4% para 10,9%), fazendo com que o setor formal passasse a ser o principal receptor de desempregos, diferentemente do que ocorria em 2003. Ou seja, houve uma mudança importante que estimulou a formalização.

Tabela 8
MATRIZ DE TRANSIÇÃO DO MERCADO DE TRABALHO

2003 (em %)	Informal	Formal	Desempregado	Fora da PEA	Total
Informal	72,1	14,7	4,4	8,7	100,0
Formal	5,1	91,6	1,1	2,3	100,0
Desempregado	8,6	4,0	57,0	30,4	100,0
Fora da PEA	2,2	1,1	5,2	91,5	100,0
Total	11,6	29,7	8,0	50,7	100,0

2012 (em %)	Informal	Formal	Desempregado	Fora da PEA	Total
Informal	72,1	15,8	2,1	10,0	100,0
Formal	3,4	93,2	0,8	2,7	100,0
Desempregado	7,5	10,9	46,5	35,1	100,0
Fora da PEA	2,0	1,8	2,6	93,6	100,0
Total	9,2	37,9	3,4	49,5	100,0

Variação entre 2003 e 2012 (em p.p.)	Informal	Formal	Desempregado	Fora da PEA	Total
Informal	0,0	1,1	-2,3	1,2	0,0
Formal	-1,7	1,6	-0,3	0,3	0,0
Desempregado	-1,1	**6,9**	-10,5	4,7	0,0
Fora da PEA	-0,2	0,7	-2,6	2,1	0,0
Total	-2,4	8,2	-4,6	-1,2	0,0

Fonte: PME/IBGE e Barbosa Filho e Moura (2013). Elaboração dos autores.

Assim, confirma-se na comparação entre 2002 e 2012 a análise anterior: nota-se o aumento da probabilidade de transição de trabalhadores indo da informalidade para a formalidade. Esse aumento foi de 1,1 p.p. (ver Painel "Variação entre 2003 e 2012": linha

Informal, coluna Formal). Além disso, a probabilidade no sentido contrário reduziu-se em 1,7 p.p. (linha Formal, coluna Informal). Assim, aumentou o fluxo líquido de trabalhadores do setor informal para o formal.

Outro fator que contribuiu para o aumento (queda) da (in)formalidade foi a geração de empregos. Nota-se uma redução de 2,3 (0,3) p.p. do fluxo da formalidade (informalidade) para o desemprego. No sentido oposto, observa-se um crescimento de 6,9 (-1,1) p.p. do desemprego para a formalidade (informalidade). Ou seja, enquanto o setor informal reduziu levemente o fluxo de contratações, o setor formal passou a gerar empregos para os desempregados e em maior número que o setor informal.

De forma geral, o processo de queda da informalidade ocorreu principalmente por meio de dois canais: a manutenção de um alto fluxo de trabalhadores do setor informal para o formal e o aumento da absorção dos desempregados pelo setor formal.

5. Conclusões

A taxa de informalidade atingiu níveis historicamente baixos no Brasil, segundo os dados analisados da Pnad. A taxa em 2002 era de 43,6% e em 2012 atingiu 32,5% — ou seja, houve uma queda de 11 p.p. entre 2002 e 2012, uma média linear de 1,1 p.p. ao ano.

Nossos resultados nos permitiram concluir que a queda da taxa de informalidade da economia deveu-se à forte redução da taxa de informalidade dentro de diferentes grupos, aliada a uma alta participação desses grupos no total de ocupados (efeito nível). Ou seja, houve uma redução generalizada do grau de informalidade da economia, com destaque para a contribuição: de homens e mulheres; brancos e pardos; com ensino médio completo; de 15 a 30 anos de idade; com até 14 anos de experiência e dos setores agropecuário, indústria de transformação, construção, comércio e outros serviços.

Assim, o processo de formalização atingiu diferentes cortes de trabalhadores e setores de atividade. Um resultado marcante é que o processo de aceleração educacional que o país passou ao longo dos anos foi um determinante crucial para a queda da informalidade. Ou seja, a redução do percentual dos trabalhadores menos escolarizados (ensino fundamental incompleto), que apresentam alta taxa de informalidade (52% na média entre 2002 e 2012), foi um dos motores para o crescimento da formalização da economia.

Quando a decomposição é feita pela variável capital humano (ciclos escolares × experiência), a queda da participação de trabalhadores menos escolarizados e com baixa experiência de trabalho chega a explicar 56% da queda da informalidade no país entre 2002 e 2012.

Por fim, computou-se uma matriz de transição entre as diferentes condições ocupacionais (para as principais regiões metropolitanas): informal, formal, desempregado e fora da força de trabalho (PEA). O resultado mostra que a formalização entre 2002 e 2012 ocorreu por dois canais: (i) manutenção de um alto fluxo de trabalhadores do setor informal para o formal e; (ii) absorção dos desempregados pelo setor formal, que nos últimos anos passou a contratar mais do que o setor informal.

O processo de queda da taxa de informalidade, que vem ocorrendo desde 2002, desacelerou na margem, de 2011 para 2012. Essa desaceleração poderia colocar em dúvida se o processo continuará ou não. Por um lado, o ritmo da queda da taxa de informalidade para os diferentes grupos de trabalhadores (efeito nível) deve diminuir. Isso decorre do fato de que parte desse efeito teve origem no crescimento econômico experimentado pelo país, principalmente na última década, além de políticas públicas que fomentaram o crescimento do emprego formal como o Simples e o Super Simples.

Mas, por outro lado, o envelhecimento da força de trabalho (e, consequentemente, aumento do seu nível de experiência) aliado à continuidade do processo de escolarização ditarão a queda da taxa de informalidade (efeito composição), visto que trabalhadores jovens com maior nível de escolaridade — e que têm maior chance de obter um emprego com carteira de trabalho assinada — estão aumentando sua participação no mercado de trabalho, além do fato de que no futuro serão mais experientes.

Assim, de forma geral, a perspectiva é que a taxa de informalidade na economia como um todo continue em queda, mas em ritmo menor e cada vez mais dependente do processo de melhora do capital humano (educação + experiência) da força de trabalho.

Referências

BARBOSA FILHO, F.; MOURA, R. L. *Evolução recente da informalidade do emprego no Brasil: uma análise segundo características da oferta e demanda de trabalho*. 2013. Anais do 41º Encontro Nacional de Economia (Anpec).

____; PESSÔA, S. Uma análise da redução da taxa de desemprego. *Reap Working Paper 28*, Rede de Economia Aplicada, 2011.

____; ____; VELOSO, F. Evolução da produtividade total dos fatores na economia brasileira com ênfase no capital humano — 1992-2007. *Revista Brasileira de Economia*, v. 64, n. 91-113, 2010.

MOURA, R.; ROCHA, D. P. *Transformações recentes no mercado de trabalho rural*. 2013. Mimeografado.

CAPÍTULO 7

EXPANSÃO DO EMPREGO FORMAL E TAMANHO DAS EMPRESAS: 1995-2011

Carlos Henrique L. Corseuil[*]
Rodrigo Leandro de Moura[**]
Lauro Ramos[***]

1. Introdução

Este capítulo tem como principal meta a análise do processo de absorção de trabalhadores no setor formal da economia brasileira no período de 1995 a 2011. Esse período é particularmente interessante de ser analisado por apresentar tendências bem distintas na evolução do emprego formal, como será evidenciado em seguida. Em que pese atentar para as características particulares dos trabalhadores, principalmente a escolaridade, o estudo tem como objetivo concentrar-se nas características dos estabelecimentos.

O painel 1 mostra que há um grande contraste entre os anos 1990 e os anos 2000 no que diz respeito às evoluções dos indicadores agregados do mercado de trabalho relacionados ao emprego formal. Os dados provenientes da Pesquisa Nacional por Amostra de Domicílios (Pnad) do IBGE mostram que no segundo período há uma tendência bastante favorável com expansão do nível total

---
[*] Ipea.
[**] FGV/IBRE.
[***] Ipea.

da ocupação, aumento da taxa de formalização dos vínculos trabalhistas e reduções na taxa de desemprego.

Painel 1

TAXAS DE OCUPAÇÃO FORMAL, DESEMPREGO E INFORMALIDADE

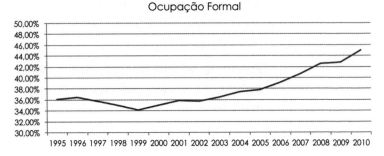

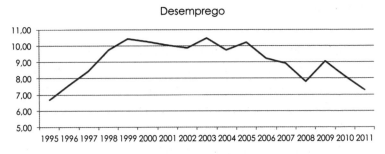

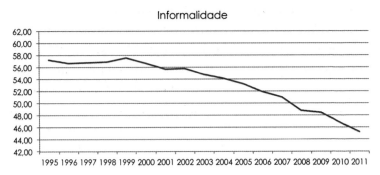

Fonte: Pnad/IBGE.

Procurar identificar possíveis determinantes dessa tendência favorável a partir da análise dos estabelecimentos já havia sido objeto de artigo anterior dos mesmos autores (Corseuil et al., 2011). Em relação ao trabalho anterior, as principais mudanças são a adoção de uma metodologia um tanto diferenciada, que será apresentada mais à frente, bem como a incorporação dos dados sobre o setor formal do Relatório Anual de Informações Sociais (Rais) para o intervalo que se estende de 2008 a 2011. Além disso, há uma maior preocupação com a questão da distribuição das firmas de acordo com o tamanho dos estabelecimentos, enquanto no trabalho anterior o foco estava apenas no tamanho médio dentro dos diversos estratos analisados.

O desempenho positivo do mercado de trabalho brasileiro por um período relativamente prolongado tem motivado outras tentativas recentes de identificar seus determinantes para além daqueles que citamos no nosso trabalho anterior. Cabe destacar os estudos de Cacciamali (2010), Berg (2011) e Haanwinckel e Soares (2013).

No âmbito do mercado de trabalho, o período adicionado foi marcado pela continuidade da tendência bastante favorável já presente na primeira metade dos anos 2000, com expansão do nível total da ocupação, aumento da taxa de formalização dos vínculos trabalhistas e reduções na taxa de desemprego, conforme visto no painel anterior.

É interessante observar que isso ocorreu sem que tenha havido mudanças substantivas no arcabouço institucional, haja vista que entre 2000 e 2011 não são introduzidas alterações importantes na legislação trabalhista, ou outra forma de regulação, que produzissem modificações de porte nas instituições que regem o mercado de trabalho.

Já no mercado de produto aconteceram algumas mudanças que podem estar contribuindo para os movimentos nos agregados no mercado de trabalho. Na frente tributária, por exemplo, há novidades como o Simples e a expansão do Super Simples. E, mais recentemente, a desoneração da folha de pagamento em setores selecionados, bem como o advento de políticas de substituição tributária praticadas em alguns estados. Em paralelo, foi também observada uma forte expansão do crédito às firmas, principalmente às pequenas, através de programas do BNDES e do próprio MTE. Até mesmo a decisão do governo federal de priorizar que parte de suas compras seja feita em pequenas empresas contribui para estimular o emprego formal e a distribuição das firmas dentro desse setor.

Podemos então identificar uma série de fatores e mudanças no mercado de produto com o potencial de, no final das contas, afetar também o nível e a estrutura da demanda por trabalho formal. A questão que se coloca agora é tentar, mesmo no plano de uma análise exploratória, captar a ótica das empresas formais e procurar identificar possíveis mudanças.

Se por um lado vemos continuidade na evolução dos principais indicadores do mercado de trabalho no período 2008-11, o mesmo não pode ser dito para a taxa de crescimento do emprego formal, cuja evolução aparece no gráfico 1. Essa taxa vinha numa tendência de aumento até o período 2004-07, quando registrou um crescimento anual médio de 6,2%. No período 2008-11, porém, o crescimento médio foi de 5,2%. A incorporação desse último intervalo traz então um novo desafio para nossa análise, qual seja, o de tentar conciliar essa reversão, ainda que ligeira, na tendência de crescimento do emprego formal com um ambiente institucional aparentemente estável.

Gráfico 1
TAXA DE CRESCIMENTO DO EMPREGO FORMAL

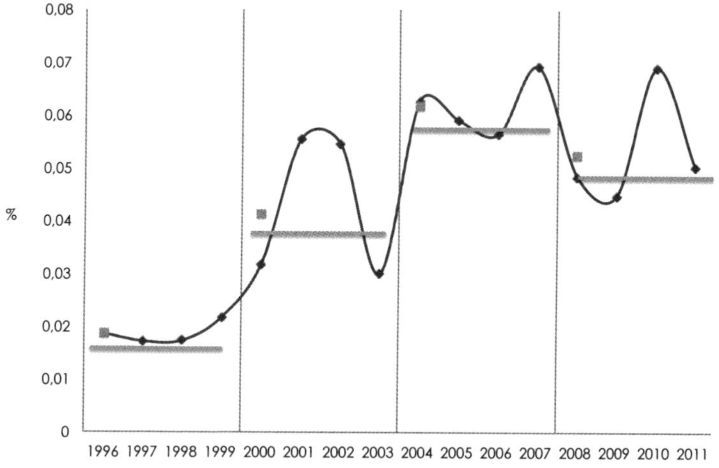

Fonte: Rais.

Uma forma de obter informação adicional é avaliar a evolução de dois componentes do emprego formal, o número de empresas formais e seu respectivo tamanho médio, que aritmeticamente determinam o estoque de postos de trabalho formal na economia. Nessa direção, uma simples comparação feita em Corseuil e colaboradores (2011), sem que fosse necessário recorrer a técnicas estatísticas mais sofisticadas, deixava claro que era o tamanho médio das empresas que vinha ditando o padrão de evolução do estoque de postos de trabalho formais.

Ao replicarmos o mesmo tipo de análise incorporando o período mais recente, podemos perceber que a dinâmica do tamanho médio ainda é determinante: embora o crescimento do número de empresas tenha aumentado em cerca de 1,5 p.p., a quase estagnação do crescimento do tamanho médio dos estabelecimentos acabou forçando a diminuição comentada acima de 1 p.p. no ritmo de expansão do emprego formal. Não obstante, a natureza dos movimentos de ambos os componentes no último período foi bastante diferente das respectivas tendências pré-2007, o que pode trazer à tona novos elementos com o potencial de enriquecer o estudo.

Painel 2
NÚMERO MÉDIO DE EMPREGADOS, ESTABELECIMENTOS E CRESCIMENTO

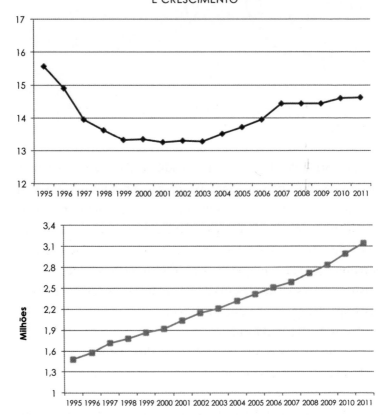

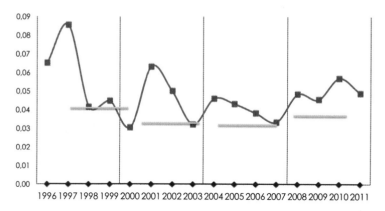

Fonte: Rais.

Dada a sua dominância, a evolução do tamanho médio das empresas será o centro da análise do artigo.

Para tanto o trabalho está estruturado em quatro seções, incluindo esta introdução. A seguir trataremos dos determinantes da evolução do tamanho médio apresentando nossa metodologia bem como os resultados do exercício empírico. Na seção posterior estenderemos nossa análise da evolução do tamanho das empresas para além da média, analisando o que ocorre nos extremos da distribuição de tamanho das empresas. Por fim, na última delas serão sumariados os resultados mais importantes e as conjecturas a seu respeito.

2. A dinâmica do tamanho médio das firmas

Conforme vimos, a evolução do tamanho médio das empresas parece ter ditado o ritmo da evolução do emprego formal. Assim, dedicaremos essa parte do texto para relatar a evolução dos determinantes do tamanho médio das firmas. Tal como em nosso trabalho anterior, consideraremos aspectos relacionados ao setor de atividade das empresas e sua faixa etária. A metodologia que empregaremos difere no entanto daquela empregada no estudo anterior, e por isso a sua descrição será o foco da próxima subseção.

2.1 Dados e metodologia

A análise da evolução do mercado de trabalho formal é realizada a partir dos microdados da Rais. Essa base inclui o registro de informações sociais da população das empresas formais, acompanhando-a ao longo do tempo, e dos seus trabalhadores. Assim, lançamos mão de variáveis referentes a número de trabalhadores empregados em cada empresa e características das empresas como setor de atividade e tempo de existência da mesma.

Em relação à metodologia, utilizamos a técnica de Oaxaca-Blinder (Oaxaca, 1973; Blinder, 1973), que decompõe a variação do tamanho médio das empresas em dois efeitos:

$$\Delta \text{ (Tamanho Médio)} = \text{Efeito característica (composição)} + \text{Efeito retorno (escala)}$$

No Apêndice apresentamos a metodologia detalhada. Mas de forma intuitiva, o efeito característica ou composição fornece a contribuição da mudança nas características das empresas (composição etária ou setorial, por exemplo) sobre a variação do tamanho médio. Por exemplo, se a participação de empresas em faixas etárias de maior escala aumentou — empresas com maior tempo de existência tendem a empregar, em média, um maior número de trabalhadores —, então espera-se que o tamanho médio das empresas da economia como um todo tenha se elevado.

Por sua vez, o efeito retorno ou escala fornece a contribuição da mudança do retorno de cada característica das empresas (no nosso caso associado ao tamanho médio dentro de cada estrato etário ou setorial) sobre a variação do tamanho médio. Por exemplo, um período de crescimento do tamanho médio das empresas da economia pode ter ocorrido porque o retorno da idade aumentou — mantida fixa a composição etária das empresas — ao longo das faixas de idade, devido, possivelmente, a fatores no âmbito econômico e/ou institucional. Colocado de outra forma, esse efeito é interpretado como um aumento das contratações de trabalhadores formais na maioria das faixas etárias.

2.2 Resultados

O método detalhado acima foi aplicado para cada um dos quatro subperíodos já destacados na seção anterior. O gráfico 2 reporta os resultados da primeira fase da decomposição onde a variação do tamanho médio é desmembrada entre efeito composição e efeito escala.

O gráfico apresenta três grupos de barras, com quatro barras em cada grupo. As quatro barras representam os subperíodos considerados. Cada um dos três grupos representa respectivamente a variação do tamanho médio, o efeito composição e o efeito escala.

Por exemplo, no primeiro grupo de barras podemos analisar a variação do tamanho médio das empresas em cada um dos subperíodos. No primeiro subperíodo, de 1995 a 1999, havia um movimento bem marcado de queda do tamanho médio. Nesse período as empresas passaram a empregar em média 2,2 trabalhadores a menos. Depois, de 1999 a 2003, o tamanho médio das firmas se estabiliza, para em seguida crescer em 1,2 trabalhador de 2003 a 2007. Como já foi mencionado, de 2007 a 2011, há uma reversão na tendência de crescimento da variação do tamanho médio que volta a se estabilizar.

As influências dos efeitos escala e composição demonstradas nas demais barras do gráfico apontam para dois padrões distintos. Nos períodos 1995-99 e 2003-07 há um claro domínio do efeito escala para a determinação da variação do tamanho médio. Já nos períodos 1999-2003 e 2007-11 os efeitos escala e composição atuam em direções opostas e se cancelando, de tal forma que a variação do tamanho médio é insignificante nesses períodos.

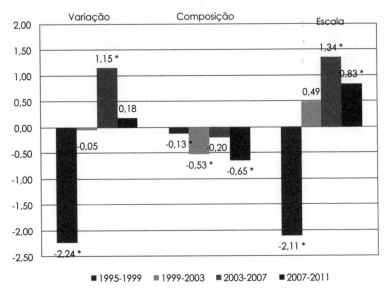

Gráfico 2
DECOMPOSIÇÃO DA VARIAÇÃO DO TAMANHO MÉDIO

*significativo a 10%

Fonte: Rais.

No que diz respeito à reversão no último período da tendência de aumento no crescimento do tamanho médio, podemos dizer que tanto o efeito escala como o efeito composição contribuíram para esse resultado. A contribuição do efeito escala em 2007-11 foi positiva, porém em magnitude menor do que em 2003-07. Já a contribuição do efeito composição foi negativa em 2007-11 e com a maior intensidade entre os quatro subperíodos analisados.

É interessante notar que a influência do efeito composição é sempre negativa, ou seja, ao longo de todo o período analisado vem aumentando a frequência relativa das empresas em setores e/ou faixas etárias associadas a menor escala. O gráfico 3 mostra os resultados da segunda fase da nossa metodologia, que identifica a contribuição de cada um dos grupos desses determinantes do efeito composição.

Por um lado é bem nítido que o setor de atividade é o principal responsável pelo fato de o efeito composição contribuir sistematicamente para uma diminuição do tamanho médio das empresas. A parcela do efeito composição associada ao setor de atividade é sempre negativa e significativa. Já a parcela associada à idade era positiva até 2007, e passa a ser negativa no período 2007-11. Ou seja, até 2007 a frequência relativa vinha aumentando em setores de atividade associados a menor escala, mas não em faixas etárias associadas a menor escala. Já no período de 2007-11 a frequência relativa aumenta tanto em setores como em faixas etárias associadas a menor escala.

Gráfico 3
EVOLUÇÃO DA DECOMPOSIÇÃO DO EFEITO COMPOSIÇÃO

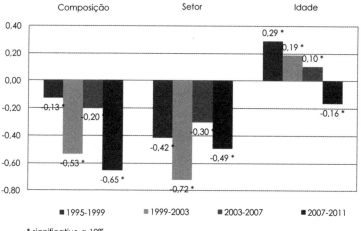

* significativo a 10%

Fonte: Rais.

O fato de a frequência aumentar nas faixas etárias associadas a menor escala no último período pode estar relacionado com um aumento da taxa de criação de novas empresas, pois as empresas mais novas tendem a ser menores do que as mais antigas. Essa hipótese encontra algum respaldo no painel de gráficos 3, onde fica claro que a maior taxa de crescimento do número de empresas em 2007-11 (comentado na seção anterior) se deve a uma maior taxa de criação de novas empresas.

Painel 3
TAXAS DE CRESCIMENTO DO NÚMERO DE ESTABELECIMENTOS

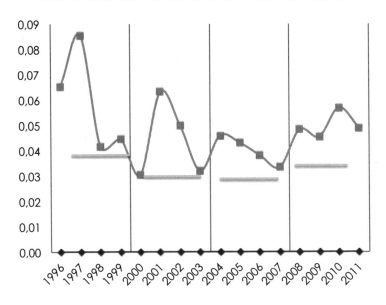

TAXAS DE NASCIMENTO DO NÚMERO DE ESTABELECIMENTOS (NORMALIZADO PELO ESTOQUE T-1)

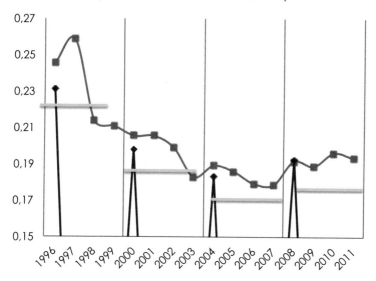

TAXAS DE MORTE DO NÚMERO DE ESTABELECIMENTOS

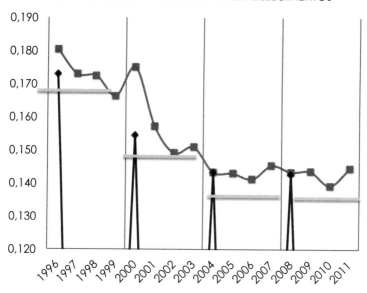

Fonte: Rais.

O gráfico 4 mostra os resultados que identificam a contribuição de cada um dos grupos dos determinantes do efeito escala. O componente setor é positivo para o primeiro subperíodo, o que mostra que houve um crescimento maior do tamanho médio dos setores com maior escala de produção em relação aos demais, enquanto nos dois subperíodos subsequentes houve decrescimento. Em relação ao componente etário, houve uma reversão do sinal: no primeiro subperíodo, houve contração do tamanho médio das empresas com maior tempo de existência, mas no último quinquênio essas empresas passaram por um processo de expansão. No entanto, o termo que dita a maior parte do efeito escala é o componente da constante, que está relacionado a mudanças econômicas e institucionais que afetaram igualmente as empresas dos diferentes setores e grupos etários. Esses fatores parecem ter contribuído fortemente para o resultado negativo no primeiro quinquênio, mas impulsionaram o crescimento do tamanho médio nos dois quinquênios subsequentes. No entanto, no último quinquênio passaram a ter efeito estatisticamente nulo.

Gráfico 4
EVOLUÇÃO DA DECOMPOSIÇÃO DO EFEITO ESCALA

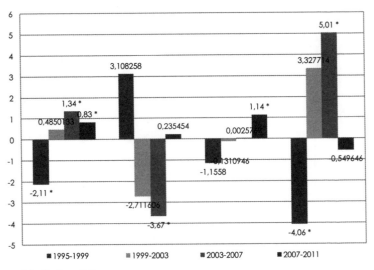

* significativo a 10%

Fonte: Rais.

3. A dinâmica do tamanho das empresas para além da média

Em termos gerais, movimentos na média de uma distribuição podem estar muito relacionados à dinâmica registrada nos extremos da distribuição. Em particular, no caso da dinâmica do tamanho das firmas há argumentos teóricos expostos em nosso artigo anterior que remetem à dinâmica das empresas menores.

O gráfico 5 ilustra a evolução do percentual de empresas empregando até três trabalhadores. Esse percentual subiu até 1999, quando atingiu a marca de 59%, e depois declinou de forma continuada até 2011, quando se registram 55,5% de empresas com até três empregados. É interessante notar que essa queda se mantém mesmo no período 2007-11, onde foi registrado um aumento na taxa de criação de novas empresas. Esse movimento tenderia a aumentar o percentual de empresas pequenas dada a correlação positiva entre idade e tamanho das empresas.

Gráfico 5
PARCELA DE ESTABELECIMENTOS COM TRÊS OU MENOS EMPREGADOS

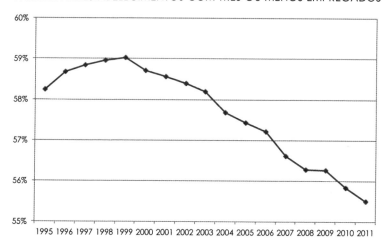

Fonte: Rais.

Para analisar a dinâmica no outro extremo da distribuição reportamos no gráfico 6 a evolução do percentual de empresas com mais de 30 empregados. Podemos destacar dois pontos a partir do gráfico. Em primeiro lugar, a trajetória desse percentual parece ditar o ritmo da trajetória do tamanho médio, haja vista a coincidência dos movimentos desse gráfico nos quatro subperíodos analisados com aqueles registrados no gráfico que mostra na introdução a evolução do número médio de empregados.

Gráfico 6
PARCELA DE ESTABELECIMENTOS COM MAIS DE 30 EMPREGADOS

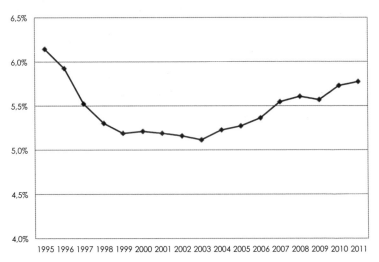

Fonte: Rais.

Em segundo lugar, a influência desse grupo parece ser particularmente relevante no período 2007-11, dado que o tamanho médio apresenta uma ligeira subida mesmo com a queda na participação das menores empresas. Cabe dizer que a combinação observada nesse último período de menor frequência de pequenas empresas e um movimento positivo, porém mais tímido, na frequência de empresas com mais de 30 empregados resulta em uma expansão do grupo de empresas com força de trabalho entre quatro e 30 empregados. Fazendo um paralelo com fatos recentes observados para a distribuição de renda entre os indivíduos, podemos dizer que a "classe média" de empresas está em expansão no Brasil.

4. Conclusão

O conjunto de evidências levantadas no corpo do capítulo sugere que o crescimento do emprego formal está relacionado diretamente com o crescimento do tamanho médio das empresas. Este, por sua vez, não é explicado satisfatoriamente quando se consideram as partições segundo idade e setor de atividade dos estabelecimentos formais.

No geral, as evidências parecem respaldar a hipótese de que tenha havido uma tendência generalizada de crescimento do tamanho dos estabelecimentos, inclusive os recém-criados. A conexão desses movimentos com as características do modelo e cenário macroeconômico — crescimento do consumo das famílias, expansão do comércio exterior... — bem como mudanças de natureza institucional, como as citadas na Introdução, passa, então, a ser o desafio para o entendimento da dinâmica de expansão do emprego formal.

Referências

BERG, Janine. Laws or luck? Understanding rising formality in Brazil in the 2000s. In: MCCANN, Deirdre; LEE, Sangheon. *Regulating for decent work*: new directions in labour market regulation. Londres: Palgrave-Macmillan; Geneve; ILO, 2011.

BLINDER, A. S. Wage discimination: reduced form and structural estimates. *Journal of Human Resources*, v. 8, p. 436-455, 1973.

CACCIAMALI, Maria Cristina. Crescimento econômico, expansão do mercado de trabalho formal e distribuição de renda do trabalho: a primeira década do século XXI. *Trabalho em Questão*, Salvador, n. 86, p. 43-58, 2010.

CORSEUIL, C. H.; MOURA, R.; RAMOS, L. Determinantes da expansão do emprego formal: o que explica o aumento do tamanho médio dos estabelecimentos? *Economia Aplicada*, v. 15, n. 1, 2011.

HAANWINCKEL, Daniel; SOARES, Rodrigo. A compensating differentials theory of informal labor markets: quantitative model and implications for a developing country. In: IZA/BANCO MUNDIAL DE EMPREGO E DESENVOLVIMENTO, VIII 2013. Disponível em: <www.iza.org/conference_files/worldb2013/viewProgram?conf_id=2392)>.

OAXACA, R. Male-female wage differentials in urban labor markets. *International Economic Review*, v. 14, p. 693-709, 1973.

YUN, M.-S. A simple solution to the identification problem in detailed wage decompositions. *Economic Inquiry*, v. 43, p. 766-772, 2005.

Apêndice metodológico

A chamada decomposição de Oaxaca-Blinder consiste em inferir quanto da mudança na média de uma determinada variável (nesse caso, tamanho médio das empresas) é devido ao efeito característica e efeito retorno. Para se implementar essa decomposição são estimadas equações do tamanho médio separadamente para cada ano.

A equação do tamanho médio da empresa i no tempo t e em t-1 será:

$$\ln y_{it} = x_{it}\beta_t + \varepsilon_{it}$$
$$\ln y_{it-1} = x_{it-1}\beta_{t-1} + \varepsilon_{it-1}$$

em que y e x são o logaritmo do tamanho médio e o vetor de características "objetivas", respectivamente.

A diferença entre os valores médios dos logaritmos será:

$$E[\ln y_{it}] - E[\ln y_{it-1}] = (E[x_{it}] - E[x_{it-1}])\beta_t + x_{it-1}(\beta_t - \beta_{t-1})$$

O primeiro termo do lado direito se refere à parte "explicada" da diferença entre o tamanho médio das empresas do tempo t-1 para o tempo t. Esse é o chamado efeito característica, que nos fornece quanto da mudança do tamanho médio é devido a mudanças na estrutura etária e de setores das empresas. Por exemplo, se as empresas estão se tornando "mais velhas", o tamanho médio das empresas em geral tende a crescer. O segundo termo é referente à parte "não explicada" ou efeito retorno. Esse termo mede, fixado o tamanho médio da empresa no tempo t-1, as diferenças de retorno das características entre o tempo t e t-1 para o mesmo grupo etário.

No entanto, a decomposição pode mudar se alterarmos o período de referência de t-1 para t. Dessa forma, para evitar esse problema deve-se utilizar a seguinte equação:

$$E[\ln y_{it}] - E[\ln y_{it-1}] = (E[x_{it}] - E[x_{it-1}])\beta + E[x_{it}](\beta_t - \beta) + E[x_{it-1}](\beta_{t-1} - \beta)$$

em que, β é usado como fator de referência. Ele é interpretado como o vetor dos retornos de variáveis observáveis entre t e t-1. Existem diversas formas de se inferir esse retorno. Optamos por estimar uma equação com os dados empilhados dos dois anos e daí inferir o retorno "médio" β de cada característica. A soma dos dois últimos termos se refere ao efeito retorno ou parte não explicada.

Existe também outro problema nessa decomposição. Como estamos trabalhando com *dummies* para idade e setor da empresa, o efeito retorno oriundo do intercepto pode mudar de acordo com o grupo de referência adotado. Assim, adotamos o procedimento de

Yun (2005), cuja ideia é expressar os efeitos das variáveis categóricas como desvios em relação a uma "grande média" (média dos coeficientes das variáveis *dummies* da variável categórica). Adicionalmente, o resultado desse procedimento é igual caso obtivéssemos as médias dos resultados obtidos de uma série de decomposições na qual cada categoria fosse usada uma após a outra como categoria base. Dessa forma, o intercepto pode ser interpretado como um fator que afetou igualmente todas as variáveis.

CAPÍTULO 8

TRANSIÇÕES NO MERCADO DE TRABALHO

André Portela Souza
Vladimir Ponczek
Eduardo Zylberstajn[*]

1. Introdução

Este texto analisa os determinantes imediatos da queda do desemprego, do aumento da formalização e da queda da informalidade observados nos últimos anos no Brasil. Os fatos estilizados demonstrados — queda do desemprego, aumento da formalização e queda da informalidade — foram obtidos dos dados mensais da PME entre 2003 e 2013.

O gráfico 1 distribui a população em idade ativa (PIA), de 15 anos ou mais, em seis categorias: a parcela que está fora da PEA; a que está na PEA, subdividida em: (i) a que está desempregada (não está empregada e está procurando emprego); (ii) a que trabalha por conta própria; (iii) os empregadores; (iv) os empregados com vínculo (formal); e (v) os empregados informais.

---

[*] Da FGV-EESP.

Gráfico 1
DISTRIBUIÇÃO DA POPULAÇÃO EM IDADE ATIVA (15 ANOS OU MAIS)

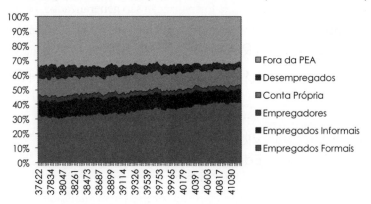

Fonte: PME, 2003 a 2013.

Nesse gráfico 1, o primeiro fato a destacar é o aumento da proporção de emprego formal no total da PIA. Nessa categoria estão os trabalhadores com carteira assinada e funcionários do setor público.

No gráfico 2, onde analisamos apenas a PEA e separamos as três categorias a serem analisadas — emprego formal, emprego informal e desemprego —, observam-se mais claramente as seguintes tendências: o emprego informal cai, o desemprego cai e o emprego formal sobe.

Gráfico 2
DISTRIBUIÇÃO DA PEA (%) — EMPREGO FORMAL, INFORMAL E DESEMPREGO

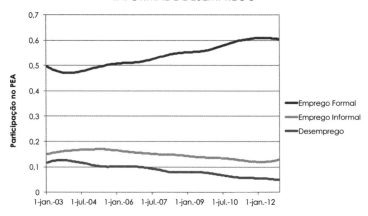

Fonte: PME, 2003 a 2013.

Como registrado nos demais estudos desta coletânea, a queda de desemprego e o aumento da formalização são generalizados. De um lado, ocorrem em todos os grupos da força de trabalho analisados, independentemente da situação demográfica, do gênero, da idade e da escolaridade. De outro, a formalização se dá menos pelo fato de novas empresas serem criadas e mais pelo fato de que as empresas existentes contratam mais trabalhadores formalizados. E isso ocorre em todos os tipos de empresas, sejam elas pequenas ou grandes, mais novas ou mais antigas, sejam da indústria, do comércio ou da agricultura. Existe, portanto, uma mudança estrutural generalizada no mercado de trabalho, que precisa ser mais bem analisada.

Este texto investiga os determinantes imediatos dessa possível mudança estrutural por meio de um exercício de decomposição. Para tanto, investigam-se os determinantes imediatos das taxas de emprego formal e informal da perspectiva dos fluxos de entrada e saída do emprego. É fato que há mudanças do estado de emprego para desemprego e formal para informal. O que buscamos analisar é se existe alguma mudança, no período analisado, das taxas de entrada e saída das situações de emprego formal, emprego informal e desemprego.

2. Algoritmo de decomposição

Os modelos de decomposição de fluxos de entrada e saída do mercado de trabalho estão bem estabelecidos na literatura (*e.g.*, Petrongolo e Pissarides (2008) e Shimmer (2012)). Curiosamente, existem poucos trabalhos sobre isto para o Brasil. Formalmente, a variação do nível de desemprego pode ser aproximada através da seguinte equação:

$$\Delta u_t = (1 - u_t) s_t - u_t f_t$$

Onde:

Δu_t = variação da taxa de desemprego entre períodos t-1 e t
u_t = taxa de desemprego no período t
s_t = taxa de entrada no desemprego em t (saída do emprego)
f_t = taxa de saída do desemprego em t (entrada no emprego)

Chamamos de *ut* a taxa de desemprego em dado período t. Portanto, *u* é aquela parcela da população que está desempregada. (1 − *u*) é a parcela da população que está empregada. A taxa de desemprego pode variar ao longo do tempo por duas transições: 1) quem está empregado entra no desemprego, se desligando ou perdendo o emprego (st); 2) quem está desempregado encontra emprego (ft).

Rearranjando a equação, temos que:

$$u_t = \frac{s_t}{s_t + f_t} - \frac{\Delta u_t}{s_t + f_t}$$

Em situações para pequenos intervalos de tempo, pode-se considerar a variação do desemprego como nula, de forma que $\Delta u_t \approx 0$.

Isso significa que a taxa de desemprego pode ser aproximada, em um dado período, pela seguinte relação, apenas:

$$u_t = \frac{s_t}{s_t + f_t}$$

Onde o período de tempo *t* é muito pequeno. A taxa de desemprego não se altera muito de uma semana para a seguinte, no país como um todo. Portanto, podemos aproximar a taxa de desemprego pela razão acima. Fazendo isso, é possível comparar, por exemplo, a taxa de desemprego entre dois períodos distintos.

Desse modo, uma manipulação algébrica permite decompor a variação do desemprego ao longo de períodos em dois termos. O primeiro termo depende da taxa de variação na entrada do desemprego. O segundo depende da taxa de variação da saída do desemprego. Assim, a diferença entre as taxas de desemprego entre dois períodos t -1 e t é dada por:

$$u_t - u_{t-1} = (1 - u_t) u_{t-1} \frac{\Delta s_t}{s_{t-1}} - u_t (1 - u_{t-1}) \frac{\Delta f_t}{s_{f-1}}$$

Onde:

$(1 - u_t) u_{t-1} \dfrac{\Delta s_t}{s_{t-1}}$ = contribuição da taxa de entrada no desemprego

$u_t (1 - u_{t-1}) \dfrac{\Delta f_t}{s_{f-1}}$ = contribuição da taxa de saída no desemprego

Essa equação estabelece que a mudança da taxa de desemprego $(u_t - u_{t-1})$ pode ser aproximada como composta pela variação da taxa de entrada no desemprego $((1 - u_t) u_{t-1} \frac{\Delta s_t}{s_{t-1}})$, e pela variação da taxa de saída do desemprego $(u_t (1 - u_{t-1}) \frac{\Delta f_t}{s_{f-1}})$.

Imagine-se que no início dos anos 2000 a taxa de desemprego é de 10%. Se a taxa de entrada no desemprego for maior do que a de saída, a taxa de desemprego aumenta. Se a taxa de entrada for menor do que a taxa de saída, a taxa de desemprego diminui.

Uma forma de explorar os determinantes imediatos das mudanças estruturais do desemprego é medindo as taxas de entrada e saída do desemprego e questionando se aconteceu alguma coisa no nosso país nos últimos 10 a 15 anos que de alguma maneira tenha provocado as mudanças nessas taxas.

A decomposição é exatamente a da equação mencionada, em que há mudança de desemprego entre dois períodos, dependendo de dois fatores, ou dois componentes: o componente "mudança na taxa de entrada no desemprego" e o componente "mudança da taxa de saída do desemprego". Esses exercícios podem também ser feitos para mudanças na taxa de emprego formal e na taxa de emprego informal.

A pergunta deste trabalho é exatamente essa: será que a mudança de patamar de desemprego (emprego formal e emprego informal) observada nos últimos anos está associada a mudanças dessas taxas de entrada e de saída?

3. Resultados

No exercício a seguir, o foco é a evolução da população economicamente ativa (PEA) de 15 a 64 anos nas regiões metropolitanas (tabela 1), de 2003 a 2012, tendo como fonte dos dados as Pesquisas Mensais de Emprego (PME) do IBGE. Comecemos pelos resultados da decomposição para desemprego, para o período como um todo (última linha, de 2003 a 2012), e para dois subperíodos.

Tabela 1
RESULTADOS: DESEMPREGO

	Δu	Entrada	Saída
2003-07	-0.026	0.012	0.038
2008-12	-0.043	-0.030	0.013
2003-12	-0.069	-0.018	0.051

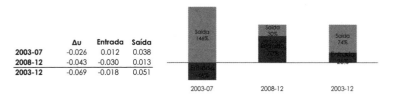

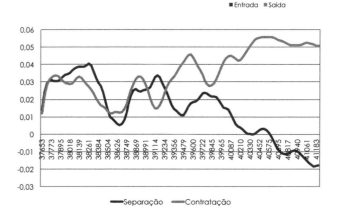

Fonte: Elaboração do autor; ver texto.

Vê-se no gráfico 2 que o desemprego estava em torno de 10% em 2003. A partir desse ano ele começa a cair, numa tendência que permanece até hoje — ainda que a um ritmo menor do que antes.

A taxa de desemprego entre 2003 e 2012 para a população de 15 a 64 anos de idade nas regiões metropolitanas caiu aproximadamente 7 pontos percentuais (p.p.). Se voltarmos à equação anterior, 5,1 p.p. desses cerca de 7 p.p. são da taxa de saída. Há mais gente saindo do desemprego do que entrando no desemprego.

Em outras palavras, o desemprego nesse período caiu por duas razões: há menos gente entrando no desemprego e mais gente saindo do desemprego. A saída do desemprego explica 74% da queda do desemprego e a diminuição da entrada no desemprego explica os restantes 26%.

Dados interessantes surgem quando dividimos a análise em dois períodos, de 2003 a 2007 e de 2008 a 2012. Entre 2003 e 2007, o desemprego caiu 2,6 p.p. e é explicado pela maior saída do que entrada. Já no segundo período, de 2008 a 2012, o sinal se inverte: a queda é explicada pela queda na entrada no desemprego, e não tanto pela saída de pessoas do desemprego. A mesma decomposição foi feita para a variação da taxa de emprego formal (tabela 2). O emprego formal compreende os ocupados com carteira de trabalho assinada e os funcionários públicos.

Tabela 2
RESULTADOS: FORMALIDADE

	Δu	Entrada	Saída
2003-07	0.090	0.137	0.047
2008-12	0.132	0.077	-0.055
2003-12	0.222	0.214	-0.008

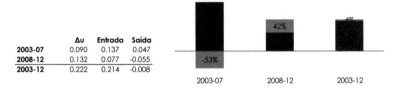

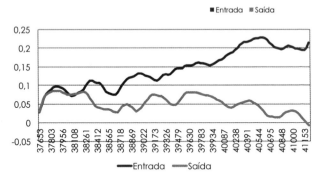

Fonte: Elaboração do autor; ver texto.

O aumento da formalização entre 2003 e 2012 foi de 22 pontos percentuais. Ele é explicado pelo fato de que aumentou a taxa de entrada no emprego formal (21,4 p.p.) e diminuiu a taxa de saída do formal (- 0,8 p.p.). No primeiro subperíodo, de 2003 a 2007, a taxa de formalização aumentou 9 p.p. Isso se deveu ao fato de que o aumento na taxa de entrada no formal (13,7 p.p.) foi maior do que o aumento da taxa de saída do formal (4,7 p.p.). Já no subperíodo de 2008 a 2012, a formalização aumentou em 13,2 p.p. A taxa de entrada no emprego formal é menor, mas ainda positiva (7,7 p.p.), porém a taxa de saída também se reduz e se torna negativa (-5,5 p.p.). Assim, o aumento da formalização se deveu em boa medida ao aumento no fluxo de entrada do emprego formal.

Por fim, o mesmo exercício foi feito para a taxa de emprego informal. A tabela 3 apresenta os resultados dessa decomposição.

Tabela 3
RESULTADOS: INFORMALIDADE

	Δu	Entrada	Saída
2003-07	-0.038	0.008	0.046
2008-12	-0.092	-0.081	0.011
2003-12	-0.129	-0.072	0.057

Fonte: Elaboração do autor; ver texto.

No período de 2003 a 2012 ocorreu uma redução da taxa de informalidade de 12,9 p.p. Ela é explicada pela queda na taxa de entrada no informal (-7,2 p.p.) e aumento na taxa de saída do informal (5,7 p.p.). Assim, a queda na taxa de entrada explica 56% da queda da informalidade e o aumento na taxa de saída explica os restantes 44%. Contudo, os movimentos de entrada e saída tiveram intensidades distintas nos subperíodos. Inicialmente, houve uma desaceleração na entrada e aumento na saída do informal e, posteriormente, uma redução na entrada e uma desaceleração na saída.

4. Conclusão

A queda do desemprego no Brasil deveu-se ao aumento da taxa de saída do desemprego entre 2003 e 2007 e à redução da taxa de entrada do desemprego no período de 2008 a 2012. Isso sugere que inicialmente as empresas contrataram mais trabalhadores e parte deles veio do contingente dos que estavam desempregados. Em seguida, a queda do desemprego passou a ser mais fortemente explicada pelo fato de que os trabalhadores permaneceram empregados e deixaram de entrar no desemprego. Note que isso não quer dizer que os trabalhadores passaram a permanecer mais tempo na empresa. Eles passaram a permanecer mais tempo ocupados, mas pode, inclusive, ter aumentado a rotatividade entre as empresas.

Já o aumento da taxa de emprego formal deveu-se ao aumento na taxa de entrada entre 2003 e 2007 e à queda da taxa de saída entre 2008 e 2012. É provável que tenha havido alguma mudança estrutural que explique os novos *matchings* entre empresas e trabalhadores no Brasil, que ainda é preciso analisar. O emprego e a formalização aumentaram em todas as regiões, para todos os setores e para todas as características demográficas dos trabalhadores.

Possivelmente, mudanças nos custos de contratação, manutenção e demissão de trabalhadores formais que ocorreram no período são parte da explicação para esses novos fatos estilizados.

Referências

PETRONGOLO, B.; PISSARIDES, C. The ins and outs of European unemployment. *The American Economic Review*, v. 98, n. 2, p. 256-262, maio 2008. Papers and Proceedings of the One Hundred Twentieth Annual Meeting of the American Economic Association.

SHIMER, Robert. Reassessing the ins and outs of unemployment. *Review of Economic Dynamics*, v. 15, n. 2, p. 127-148, abr. 2012.

CAPÍTULO 9

ROTATIVIDADE DO TRABALHO E INCENTIVOS DA LEGISLAÇÃO TRABALHISTA

Gustavo Gonzaga
Rafael Cayres Pinto[*]

1. Introdução

O mercado de trabalho brasileiro se caracteriza, historicamente, por uma intensa movimentação de trabalhadores entre postos de trabalho, o que chamamos de rotatividade do trabalho. No início deste século, um relatório especial do Banco Mundial sobre empregos no Brasil chegou a destacar que: "*Among labor economists, few statistics are as widely cited in Brazil as those on job turnover. Fully one-third of the labor force changes jobs every year, (...)*" (World Bank, 2002). Na verdade, é possível verificar — como faremos mais tarde — que esses números têm recentemente alcançado patamares ainda mais elevados. Em comparações internacionais, conclui-se frequentemente que o Brasil apresenta as maiores taxas de rotatividade do trabalho entre países com medidas comparáveis (Gonzaga, 1998).

---

[*] Os autores são, respectivamente, do Departamento de Economia da PUC-RJ, e do BNDES e do Departamento de Economia da PUC-RJ.

Diante deste contexto, uma questão fundamental é sobre a importância dessa característica para o bem-estar social. De um modo geral, a substituição de trabalhadores, bem como a criação e a destruição de postos de trabalho, fazem parte de um processo saudável de busca por alocações mais eficientes de recursos em qualquer economia. Alguma flexibilidade alocativa em uma economia sujeita a frequentes mudanças estruturais bruscas é, portanto, desejável, pois permite o remanejamento de pessoal dos setores negativamente atingidos por esses choques estruturais para os setores positivamente atingidos. A ideia subjacente é de que os fluxos do mercado de trabalho desempenham um papel positivo quanto à alocação. Por meio da criação e da destruição de postos de trabalho, uma economia pode se deslocar para atividades em que é mais produtiva. Da mesma forma, trabalhadores que não se mostram produtivos numa atividade ou numa firma específica podem ser mais bem aproveitados em outra.

Na década de 1990, entretanto, parte da literatura econômica especializada chegou ao diagnóstico de que a rotatividade no mercado de trabalho brasileiro parecia excessiva, no sentido de que prejudicava o processo de aumento da produtividade do trabalho e diminuía o bem-estar social. Nessa ocasião, diversos autores argumentaram que a alta rotatividade do trabalho no Brasil estava associada a um baixo investimento em capital humano, resultando em um equilíbrio ruim, com empregos de baixa qualidade, mão de obra pouco qualificada e um baixo grau de compromisso entre trabalhadores e firmas pela manutenção da relação de trabalho (Camargo, 1996; Amadeo e Camargo, 1996; Gonzaga, 1998; Barros, Corseuil e Foguel, 2001; Gonzaga, 2003, entre outros).

Um ponto tradicional da teoria do capital humano é que a produtividade do trabalho depende não apenas da qualificação da mão de obra (via educação), mas também fundamentalmente de capital humano específico acumulado através de treinamento no ambiente de trabalho. A alta rotatividade do trabalho, ao prejudicar o investimento em treinamento, impede, portanto, um aumento da produtividade. Cria-se um círculo vicioso em que, diante da baixa perspectiva de ascensão salarial, alguns trabalhadores preferem sair de seus empregos para acessar alguns benefícios disponíveis apenas no caso de demissão. Diante desse risco (rotatividade), firmas e trabalhadores investem pouco em treinamento. O resultado é uma baixa acumulação de capital humano, o que resulta em baixo crescimento de produtividade e baixa perspectiva de ascensão salarial.

Nesse sentido, a questão que se colocava era o papel dos incentivos gerados pelas instituições do mercado de trabalho nesse processo. Em particular, chama a atenção o contraste entre o intenso fluxo de trabalhadores e a noção de que a legislação trabalhista brasileira é rígida, com uma CLT gigantesca e anacrônica. O que essa literatura do final dos anos 1990 argumentava é que as particularidades do desenho institucional brasileiro ajudam a explicar esse aparente paradoxo. Um exemplo é o dos incentivos à demissão no âmbito do Fundo de Garantia por Tempo de Serviço (FGTS). O argumento básico era que, como a principal forma de acesso aos recursos do FGTS é a demissão, os trabalhadores e empregadores poderiam entrar em acordo, simulando a separação para se apropriar dos recursos do fundo. O desenho do programa de seguro-desemprego brasileiro, que tem uma taxa de reposição de 100% para trabalhadores que ganham um salário mínimo, complementava esse quadro de incentivos a falsos acordos de demissão.

Apesar da lógica desse argumento e das várias evidências mostradas por esses autores de que esse mecanismo explicava parte do grau de rotatividade no Brasil, havia algum ceticismo em relação à ordem de magnitude desses efeitos. Alguns autores argumentavam que dificilmente esses incentivos seriam suficientes para explicar parte substancial dos fluxos de trabalhadores e que fatores demográficos, por exemplo, seriam mais importantes para explicar a elevada taxa de rotatividade do trabalho (Maloney, 2003).

O objetivo deste capítulo é duplo. Primeiramente, vamos apresentar dados atualizados de rotatividade do trabalho no Brasil. Mostraremos que o diagnóstico de que a rotatividade do mercado de trabalho no Brasil é artificialmente elevada e perversa permanece válido, sendo inclusive provável que tenha se agravado.

Adicionalmente, vamos revisitar esse debate sobre como os incentivos da legislação trabalhista afetam a rotatividade do trabalho. Apresentaremos novos desenvolvimentos na discussão sobre como as instituições contribuem para o padrão de rotatividade no mercado de trabalho brasileiro, que sugerem que o caso brasileiro parece ser mesmo de uma hiperatividade nociva para o crescimento da produtividade do trabalho. Em particular, apresentaremos novos dados sobre o padrão de rotatividade por tempo de serviço dos trabalhadores que ilustram a importância de vários outros aspectos da legislação trabalhista sobre a rotatividade, como o sistema de homologação de rescisões de contrato de trabalho e de fiscalização do trabalho.

Este capítulo está organizado em quatro seções, inclusive esta introdução. Na próxima seção, revisamos os números e padrões da rotatividade do trabalho no Brasil. Em seguida, na seção 3, abordamos os efeitos de diversas instituições do mercado de trabalho sobre a rotatividade. A quarta seção conclui e aponta direções de pesquisa que permanecem pouco exploradas.

2. Rotatividade no mercado de trabalho brasileiro

O fato mais evidente sobre a rotatividade no mercado de trabalho brasileiro é a grande magnitude dos fluxos de trabalhadores entre postos de trabalho, geralmente passando por períodos de desemprego, informalidade e/ou saídas da força de trabalho. Como foi mencionado, no final do século XX, cerca de um terço dos trabalhadores brasileiros trocava de emprego a cada ano, em média.

O estudo de Corseuil e colaboradores (2013), que cobre o período de 1996 a 2010, atualiza esse número, além de registrar a diferença na rotatividade entre a população adulta (idade maior que 24 anos) como um todo e a parcela jovem (de 16 a 24 anos). O gráfico 1, retirado desse trabalho, registra as taxas de contratação e separação, segundo o Rais, para a população adulta como um todo e para os jovens em particular.[1] Cada ponto cinza escuro no gráfico representa a rotatividade do trabalho agregada num dos anos considerados, relacionando a taxa de separação anual, medida no eixo horizontal, e a taxa de contratação anual, no eixo vertical. Analogamente, os pontos cinza claro representam os mesmos conceitos, considerando apenas a subpopulação composta pelos jovens.

O gráfico 1 mostra que a rotatividade do trabalho anual da população como um todo flutuou no período entre 35% e pouco mais de 50%, i.e., acima do padrão histórico de um terço. A população jovem (16 a 24 anos) apresentou números ainda mais impressionantes, com as taxas de contratação e separação superando 100% em algumas ocasiões, o que quer dizer que cada jovem foi contratado (e demitido), em média, mais de uma vez naquele ano. O gráfico ilustra também que o emprego formal dos jovens aumentou no período, pois os pontos cinza claro se situam todos acima da reta tracejada de 45°, o que indica taxas de contratação superiores às de demissão.

---

[1] O Relatório Anual de Informações Sociais (Rais) é uma base de dados coletada pelo Ministério do Trabalho e Emprego, que contém os registros administrativos de todos os trabalhadores estatutários e com carteira de trabalho assinada no Brasil. Como cobre o universo de trabalhadores, é uma espécie de censo dos trabalhadores formais, com cerca de 60 milhões de registros nos anos mais recentes.

Corseuil e colaboradores (2013) mostram também que a taxa de rotatividade do trabalho no Brasil é altamente pró-cíclica, sendo maior em períodos de maior atividade econômica — em particular, períodos em que há crescimento do emprego formal.

Gráfico 1
TAXAS DE CONTRATAÇÃO E SEPARAÇÃO (RAIS, 1996-2010)

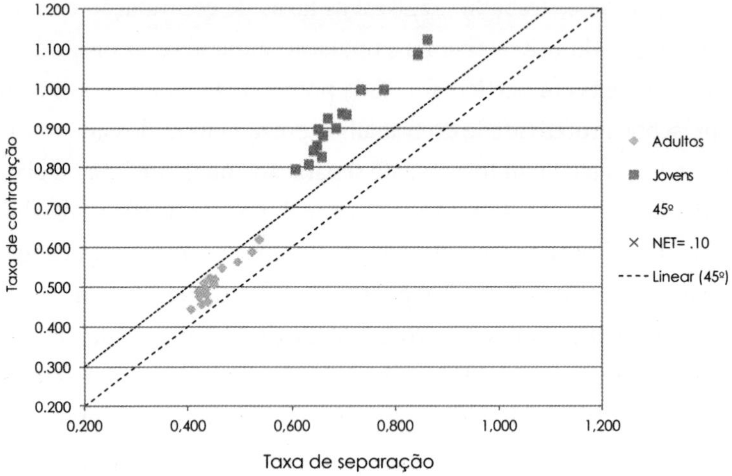

Fonte: Corseuil et al. (2013).

Um aspecto que passa em geral despercebido quando se analisa a taxa de rotatividade agregada é que a probabilidade de permanecer no emprego varia com o tempo de serviço. Na realidade, como mostraremos, é no primeiro ano da relação de trabalho que há maior intensidade de separações. Esse padrão pode ser observado pela análise da duração dos contratos de trabalho em vigor numa determinada data.

Essa informação é exibida no gráfico 2, que mostra as proporções de trabalhadores empregados ao final de 2010 por tempo de serviço na mesma firma. Os dados são obtidos a partir do Rais, para contratos do tipo CLT por tempo indeterminado, excluídas ocupações agrícolas e da administração pública. O gráfico mostra que 42,3% dos trabalhadores com carteira assinada no Brasil estavam na mesma firma há menos de um ano, e cerca de 25% estavam há menos de seis meses!

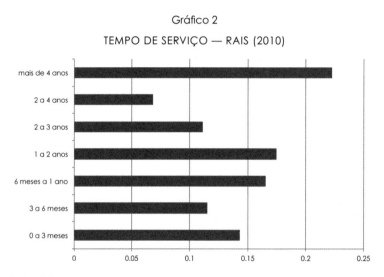

Gráfico 2
TEMPO DE SERVIÇO — RAIS (2010)

Fonte: Rais.

O painel superior da tabela 1 mostra essas proporções ano a ano, entre 2003 e 2010. Como os vínculos entre um e dois anos de duração em 2004 são aqueles que tinham menos de um ano em 2003, é possível inferir que a diferença entre os dois valores representa a quantidade de separações. Esses valores são utilizados para calcular a função risco, que representa a probabilidade de um determinado vínculo deixar de existir antes do próximo ponto no tempo, dado que ele atingiu a duração atual. O painel inferior da tabela 1 mostra os valores da função risco que podem ser apurados a partir do painel superior. Nota-se que, enquanto o risco oscila em torno de 50% para trabalhadores inicialmente observados no primeiro ano, ele é substancialmente menor para aqueles que atingiram um ano (35%) ou dois anos (30%) no emprego. Em 2009, por exemplo, o risco de um trabalhador com menos de um ano de tempo de serviço perder o emprego era de 52,9%.

Tabela 1
DISTRIBUIÇÃO DE VÍNCULOS ATIVOS
(TOTAIS EM MILHÕES E PERCENTUAL POR ANO)

	2003	2004	2005	2006	2007	2008	2009	2010
menos de 1 ano	10,6	11,9	12,6	13,3	14,9	16,2	16,4	18,7
	35,7%	37,8%	37,9%	37,9%	39,7%	41,1%	39,7%	42,3%
1 a 2 anos	5,6	5,6	6,2	6,6	6,8	7,2	8	7,7
	18,9%	17,7%	18,6%	18,8%	18%	18,2%	19,5%	17,5%
2 a 3 anos	3,5	3,6	3,5	4	4,2	4,1	4,5	4,9
	11,8%	11,4%	10,6%	11,3%	11%	10,5%	10,9%	11,1%
3 a 4 anos	2,4	2,4	2,5	2,4	2,7	2,7	2,8	3
	8%	7,8%	7,5%	7%	7,2%	7%	6,9%	6,8%
mais de 4 anos	7,5	8	8,4	8,8	9,1	9,2	9,5	9,8
	25,5%	25,4%	25,4%	25,1%	24,1%	23,3%	23,1%	22,3%
Risco de separação								
menos de 1 ano	47,4%	47,9%	47,6%	49,2%	52%	50,4%	52,9%	N.D.
1 a 2 anos	36,3%	36%	37%	39%	37,5%	39%	N.D.	N.D.
2 a 3 anos	30,9%	31,6%	34%	31,3%	32,7%	N.D.	N.D.	N.D.

Fonte: Rais.

O gráfico 3 mostra a função risco de separação por intervalos de meio mês, permitindo observar com mais precisão os momentos em que a rotatividade do trabalho se intensifica. O gráfico mostra claramente que a maior parte das separações concentra-se no primeiro ano da relação de trabalho. Em particular, observa-se uma enorme concentração de separações nos três primeiros meses da relação de trabalho (o período de experiência) e logo após o sexto mês.

Gráfico 3
TAXA DE DEMISSÃO POR TEMPO DE SERVIÇO

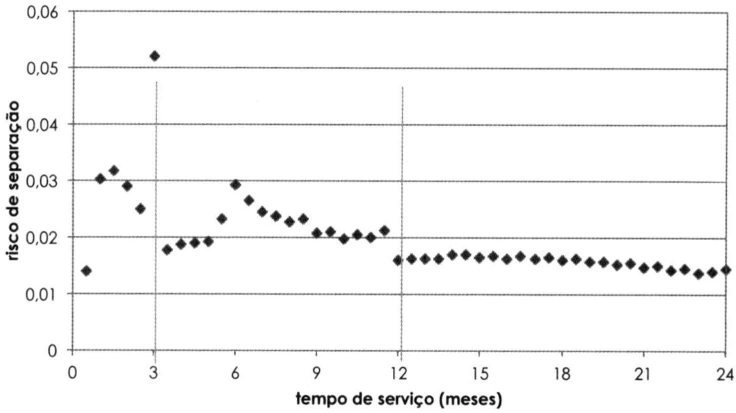

Fonte: Elaboração do autor; ver texto.

Além disso, observa-se que as taxas variam descontinuamente quando o trabalhador atinge três, seis e 12 meses no emprego. É possível verificar que esse padrão é determinado pelas separações por iniciativa da firma, sugerindo que os incentivos à demissão sem justa causa variam com o tempo de serviço.

Veremos na próxima seção que esses padrões estão intimamente associados ao desenho institucional brasileiro, refletindo os incentivos perversos da legislação trabalhista. Em particular, discutiremos como a conjugação dos incentivos gerados pelo sistema de homologação de rescisões de contrato de trabalho, do seguro-desemprego e do FGTS, num ambiente de fiscalização do trabalho imperfeita, tende a gerar uma elevada taxa de rotatividade para trabalhadores com menos de um ano de serviço.

3. Incentivos presentes na legislação trabalhista

Como mencionamos anteriormente, o aparente contraste entre a alta rotatividade, de um lado, e o fato de a legislação trabalhista brasileira ser considerada rígida, de outro, vem sendo explicado a partir do estudo do desenho institucional. Argumentamos que há uma flexibilidade excessiva do trabalho no Brasil que é induzida por incentivos perversos da legislação trabalhista.

O baixo grau de cumprimento da legislação e o fato de que os contratos de trabalho não são bem fiscalizados e monitorados no Brasil também contribuem para a alta rotatividade. Isso é algo paradoxal, se pensarmos que o Brasil parece ter uma das legislações trabalhistas entre as mais rígidas do mundo. Quando se trata de indicadores de flexibilidade da legislação trabalhista, por exemplo, o Brasil se encontra em uma colocação muito baixa no *Doing business report*, do Banco Mundial. Na verdade, temos custos de demissão relativamente altos no Brasil. Mas, ao mesmo tempo, registramos uma das mais altas rotatividades do trabalho no mundo. Argumentamos que é o formato da legislação trabalhista que induz a essas demissões.

O ponto principal é que existe uma percepção de que a rotatividade gera ganhos de curto prazo tanto para as firmas quanto para os trabalhadores. No lado do trabalhador, há ganhos extras de renda na mudança de emprego. Primeiro porque este recebe o saldo do FGTS, que é remunerado a taxas reais negativas. Este ano, por exemplo, a inflação está em 6%, enquanto o FGTS está rendendo 3% ao ano. Outro incentivo é o recebimento, pelo trabalhador, de 40% da multa do FGTS. Mas o mais importante, mesmo que ele não receba essa multa, é o fato de ele poder fazer um acordo com as firmas — os famosos falsos acordos de demissão que permitem o acesso ao saldo do FGTS e às parcelas do seguro-desemprego.

Nos anos 1990, diversos autores perceberam que o sistema do FGTS pode, na realidade, contribuir para aumentar as taxas de separação (Camargo, 1996; Amadeo e Camargo, 1996; Gonzaga, 1998; Barros, Corseuil e Foguel, 2001; e Gonzaga, 2003). Isso ocorre porque o meio mais simples para o trabalhador sacar o FGTS é ser demitido sem justa causa. Frequentemente, acessar esse saldo pode ser tentador, quer porque a taxa de remuneração da conta de FGTS é muito baixa, quer por alguma dificuldade financeira momentânea. Além disso, quando o mercado de trabalho está mais aquecido, o impacto negativo da perda de um emprego é atenuado, devido à facilidade para obter outro. Particularmente, no contexto de pouca oportunidade de ascensão dentro das firmas brasileiras, o novo emprego tem grandes chances de ser tão bom quanto o anterior. Então, há um grande incentivo para o trabalhador induzir sua própria demissão. Uma indicação de que esse comportamento é relevante, i.e., de que demissões são de fato induzidas pelo incentivo da apropriação do saldo do FGTS está na observação de que a taxa de rotatividade é pró-cíclica.

Em muitos casos, o empregador participa deliberadamente dessa operação, simulando que deseja demitir, quando na verdade a separação se dá por vontade do empregado. Esse "acordo" para que a firma demita o trabalhador é um artifício bastante conhecido pelos participantes do mercado de trabalho. Em grande medida, ele é viabilizado pelo fato de a maior parte da multa ser devida ao trabalhador.[2] Essa peculiaridade permite neutralizar o custo financeiro incorrido pela firma na demissão. Quando o empregado tem menos de um ano de emprego, por exemplo, ele só precisa assinar um documento dizendo que recebeu a multa, pois não há homolo-

---

[2] Desde a Constituição de 1988 até setembro de 2001, a multa sobre o saldo acumulado no FGTS durante o tempo de serviço na firma a ser pago ao trabalhador era de 40%. Em setembro de 2001, foram adicionados mais 10% que devem ser pagos ao governo.

gação da rescisão do contrato de trabalho para trabalhadores com menos de um ano de tempo de serviço.

Há alguns outros ingredientes que contribuem para o mecanismo descrito. O seguro-desemprego, ao qual o trabalhador também estará habilitado ao ser demitido (desde que o emprego tenha durado pelo menos seis meses), ajuda a compor os ganhos de se fazer falsos acordos de demissão. Além disso, a escassez de fiscalização trabalhista em algumas firmas/setores possibilita que o trabalhador permaneça até mesmo no emprego que fingiu ter perdido, de forma informal.

Uma lição trazida por essa análise é que as instituições não podem ser classificadas numa escala unidimensional, de acordo com algum conceito de "rigidez". Para compreender os efeitos de uma determinada regulação, deve-se observar como ela afeta o ganho líquido dos agentes em terminar a relação de emprego (relativamente a continuá-la). Partindo dessa noção, juntamente com as evidências obtidas na seção anterior a partir da função risco, é possível identificar outras instituições que podem influir nas decisões de separação.

A grande intensidade de separações ao longo dos três primeiros meses de serviço, com um pico próximo ao fim desse período, reflete claramente o efeito do contrato de experiência. Tal contrato, previsto na CLT, permite que, no momento da contratação, o empregador estabeleça um período, limitado em no máximo 90 dias, ao final do qual pode optar por dispensar o empregado sem qualquer tipo de indenização. Assim, quando o período de experiência preestabelecido se aproxima do fim, a firma avalia o empregado e, se concluir que há um alto risco de desejar demiti-lo em breve (por estar incerta quanto ao desempenho do funcionário, ou às condições econômicas futuras), prefere fazê-lo antes que os custos de demissão entrem em efeito. Como muitas demissões são antecipadas dessa forma, a taxa de separação cai imediatamente após esse momento, o que explica o padrão descontínuo do gráfico 3 em torno de três meses.

A aceleração das separações a partir de seis meses, por sua vez, é explicada pelo aumento do "bolo" a ser dividido, com a habilitação do trabalhador a receber o seguro-desemprego. O incentivo proporcionado é substancial, especialmente para trabalhadores com baixa remuneração, uma vez que a taxa de reposição é alta para esses trabalhadores.[3] O número de parcelas de seguro-desemprego a que o trabalhador tem direito depende do tempo que o trabalhador permaneceu ocupado nos últimos 36 meses: três parcelas, para seis a 11 meses de tempo de serviço; quatro parcelas, para 12 a 23 meses; e cinco parcelas para 24 a 36 meses.

Como o seguro-desemprego é recebido pelo empregado, mas depende de a separação ter ocorrido por iniciativa do empregador, o padrão do gráfico de risco de separação sugere que há algum tipo de acordo sendo feito entre trabalhadores e firmas. Ou seja, após seis meses de tempo de serviço, há um aumento substancial do número de demissões, pois o trabalhador já teria cumprido aquele prazo mínimo para recebimento do seguro-desemprego e pularia de zero para três parcelas de benefícios.

Do ponto de vista do efeito do seguro-desemprego descrito, é curioso que as firmas antecipem demissões antes do tempo de serviço chegar a 12 meses, como mostra o gráfico 3. De forma análoga ao raciocínio do parágrafo anterior, se a demissão ocorresse um pouco mais tarde (após o 12º mês), o trabalhador receberia uma quarta parcela do benefício, o que poderia levar a um aumento das demissões logo após o décimo segundo mês.

---

[3] Taxa de reposição é a razão entre o valor do benefício e o salário recebido no último emprego. Geralmente a taxa de reposição é menor do que 100%, pois, do contrário, o incentivo para o trabalhador manter-se no emprego seria muito fraco. No Brasil, porém, trabalhadores que ganham o salário mínimo têm reposição integral.

Recentemente, Gerard, Gonzaga e Pinto (2013) estudaram o comportamento de demissão ao redor dos 12 meses de tempo de serviço e identificaram uma provável causa do padrão observado. Na verdade, a variação no comportamento assemelha-se à descontinuidade observada em 90 dias, que é o padrão induzido por um aumento no custo de demissão. De fato, distinguindo separações de acordo com o tipo, verifica-se que a descontinuidade em 12 meses vem da intensidade de demissões sem justa causa por iniciativa do empregador.

O ponto é que, além da parcela adicional do seguro desemprego a que o trabalhador tem direito após 12 meses de tempo de serviço, há uma única outra mudança no processo de demissão quando o contrato atinge 12 meses, que é a obrigatoriedade da homologação da rescisão do contrato de trabalho. Esse procedimento consiste no acompanhamento e na aprovação da rescisão pelo sindicato da categoria profissional do trabalhador, ou por um representante do Ministério do Trabalho e Emprego (MTE).

Algumas das principais características da homologação contribuem para que ela seja custosa do ponto de vista do empregador que não cumpre a legislação trabalhista. Em primeiro lugar, diferentemente das inspeções feitas pelo MTE, que se concentram em firmas grandes e/ou próximas dos postos de inspeção, a homologação é um procedimento difícil de evitar. A rescisão homologada é necessária para que o trabalhador possa retirar o saldo do FGTS, bem como para o requerimento das parcelas de seguro-desemprego. Assim, é pouco provável que o trabalhador deixe de buscar o cumprimento dessa norma.

Outro ponto importante é a aplicação de sanção imediata quando o agente homologador registra a falta de pagamento de alguma obrigação incontroversa, seja relacionada à rescisão (multa sobre o saldo do FGTS, aviso-prévio), seja relacionada ao vínculo empregatício como um todo (contribuições ao FGTS, férias não gozadas, horas extras não pagas). Quando da homologação pelo MTE, uma multa equivalente ao salário mensal do trabalhador mais 160 BTN (hoje equivalente a R$ 250,00) é automaticamente aplicada; quando a constatação é feita pelo sindicato, este encaminha uma denúncia ao MTE, cabendo a mesma punição. Em ambos os casos, o setor de fiscalização do MTE é chamado a inspecionar a firma. A sanção é considerável, particularmente quando se compara com as obrigações geralmente descumpridas para um vínculo de aproximadamente um ano de duração. Nesse ponto, por exemplo, o saldo do FGTS acaba de alcançar um salário mensal. Logo, mesmo que a firma jamais tenha contribuído, é preferível ajustar essa pendência a pagar a multa, que, além de, como vimos, ter um valor ainda maior (em 160 BTN), não extingue o débito com o trabalhador.

Desagregando a informação do gráfico 3 por característica da firma, Gerard, Gonzaga e Pinto (2013) apresentam uma evidência do mecanismo discutido. Como pode ser visto nos gráficos 4 e 5, que mostram separadamente a função risco de separação para firmas grandes e pequenas, são estas últimas as que geram a descontinuidade em torno de 12 meses. Isso é consistente com o fato de que, na prática, apenas as firmas grandes são regularmente fiscalizadas pelo MTE (Cardoso e Lage, 2007). Dessa forma, as firmas que descumprem sistematicamente obrigações trabalhistas, e que portanto estão sujeitas ao efeito da homologação, são geralmente pequenas. Outras evidências apresentadas no estudo mencionado mostram que o nível de fiscalização é efetivamente o fator determinante desse comportamento.

Gráfico 4
TAXA DE DEMISSÃO POR TEMPO DE SERVIÇO — GRANDES EMPRESAS

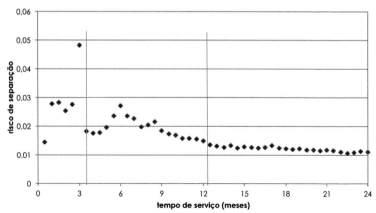

Fonte: Elaboração do autor; ver texto.

Gráfico 5
TAXA DE DEMISSÃO POR TEMPO DE SERVIÇO — PEQUENAS EMPRESAS

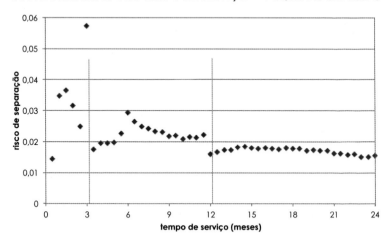

Fonte: Elaboração do autor; ver texto.

Curiosamente, os autores concluem a partir da modelagem das decisões de separação pela firma, e de outro exercício empírico descrito detalhadamente no artigo, que, quando o descumprimento da legislação é grande, uma maior intensidade de fiscalização aumenta o volume de demissões no primeiro ano. Intuitivamente, o argumento é que a lucratividade de muitos dos postos de trabalho dessas firmas depende da evasão de obrigações trabalhistas. Quando a fiscalização aumenta, diminui o horizonte de aproveitamento do "bônus" de evasão. Isso faz com que os empregadores fiquem mais seletivos com os postos que pretendem manter por mais de um ano, que se tornam mais caros por serem passíveis de homologação no momento do eventual término. Assim, em locais onde a fiscalização é inicialmente baixa, um aumento que seja insuficiente para eliminar o quadro de descumprimento da legislação pode piorar a situação de rotatividade excessiva.

Em suma, as evidências apontadas em Gerard, Gonzaga e Pinto (2013) sugerem que são as interações entre diversos aspectos da legislação trabalhista brasileira que induzem descontinuidades substanciais no número de demissões por tempo de serviço. Em particular, observa-se grande aumento no número de demissões aos três e seis meses de duração de contrato de trabalho e uma queda substancial de demissões com contratos superiores a 12 meses. Isso ajuda a explicar por que mais de 40% dos trabalhadores brasileiros não chegam a completar 12 meses trabalhando na mesma firma.

Reproduzindo os argumentos discutidos no início deste capítulo, estes incentivos espúrios à alta rotatividade do trabalho resultam em um baixo investimento em treinamento e uma tendência à perpetuação de uma baixa produtividade da mão de obra brasileira.

4. Conclusões

A sociedade brasileira tem mostrado uma crescente preocupação com os motivos por trás da baixa produtividade da mão de obra no país. Uma das possíveis causas dessa baixa produtividade é o excesso de rotatividade do trabalho que resulta em baixo investimento em acumulação de capital humano.

Neste capítulo, atualizamos os dados de fluxos de trabalhadores que mostram que a rotatividade do trabalho continua muito alta. Mais importante, procuramos apresentar novos argumentos e evidências de que diversos aspectos da legislação trabalhista brasileira, combinados com o baixo cumprimento da legislação, geram incentivos à alta rotatividade do trabalho.

Os padrões de risco de demissão corroboram essa possibilidade. Há concentração de demissões em momentos da relação de emprego que precedem a introdução de custos trabalhistas (como o fim do contrato de experiência, em 90 dias, e a homologação, em 12 meses) e em outros que representam aumentos dos ganhos da separação (período aquisitivo de seis meses para o seguro-desemprego). Esse padrão das demissões ajuda a explicar por que mais de 40% dos trabalhadores brasileiros não chegam a completar um ano de tempo de serviço na mesma empresa.

Os resultados aqui apresentados ilustram a necessidade de mais pesquisa para se conhecerem melhor os efeitos dinâmicos das instituições trabalhistas, o papel do cumprimento imperfeito da legislação e os possíveis impactos do aumento da fiscalização, além da importância de se estimar adequadamente os parâmetros de resposta da rotatividade do trabalho a alterações no desenho institucional. Em particular, é fundamental compreender o efeito das interações entre o sistema de homologação da rescisão do contrato de trabalho, o não pagamento de encargos trabalhistas, os custos de demissão, o sistema de seguro-

-desemprego, o sistema do FGTS e o processo de fiscalização por parte do MTE.

Referências

AMADEO, Edward; CAMARGO, José M. Instituições e o Mercado de Trabalho Brasileiro. In: CAMARGO, J. M. (Ed.). *Flexibilidade do mercado de trabalho no Brasil*. Rio de Janeiro: FGV, 1996.

BARROS, Ricardo Paes de; CORSEUIL, Carlos Henrique; FOGUEL, Miguel. Os incentivos adversos e a focalização dos programas de proteção ao trabalhador no Brasil. *Texto para Discussão 784*, Ipea, 2001.

CAMARGO, José Márcio. Flexibilidade e produtividade do mercado de trabalho brasileiro. In: CAMARGO, J. M. (Ed.). *Flexibilidade do mercado de trabalho no Brasil*. Rio de Janeiro: FGV, 1996.

CARDOSO, Adalberto; LAGE, Telma. *As normas e os fatos*. Rio de Janeiro: FGV, 2007.

CORSEUIL, Carlos Henrique et al. Youth labor market in Brazil through the lens of the flow approach. In: Encontro Nacional de Economia, 41. *Anais...* Anpec, 2013.

GONZAGA, Gustavo. Labor turnover and labor legislation in Brazil. *Economía: Journal of the Latin American and Caribbean Economic Association*, v. 4, n. 1, p. 165-207, 2003.

_____. Rotatividade e qualidade do emprego no Brasil. *Revista de Economia Política*, v. 18, n. 1, p. 120-140, 1998.

GERARD, François; GONZAGA, Gustavo; PINTO, Rafael C. *Monitoring of labor regulation and turnover in Brazil*. 2013. Mimeografado.

MALONEY, W. Comments on labor turnover and labor legislation in Brazil. *Economía: Journal of the Latin American and Caribbean Economic Association*, v. 4, n. 1, p. 208-215, 2003.

WORLD BANK. *Brazil jobs report*. Washington, 2002. v. 1.

Esta obra foi produzida nas
oficinas da Imos Gráfica e Editora na
cidade do Rio de Janeiro